序

党的二十大报告指出，全面依法治国是国家治理的一场深刻革命，必须更好发挥法治固根本、稳预期、利长远的保障作用。《中华人民共和国政府采购法》是中国特色社会主义法治体系的组成部分，是维护社会市场经济秩序公平公正的基本法律手段，涵盖了体制机制、执行操作、基础管理及监督处罚等各个方面的内容，为政府采购事业依法规范、健康发展提供了制度保障。全体气象部门采购人要全面把握党的二十大对构建新发展格局、着力推动高质量发展的五方面战略部署与推动《气象高质量发展纲要(2022—2035年)》落地落实的内在联系，全面增强采购人主体责任，不断落实落细政府采购法律法规，扎实推进气象部门政府采购规范化和标准化建设，切实规范采购行为，防范采购风险，不断提高政府采购工作效能。

《气象部门政府采购工作规范》以《中华人民共和国政府采购法》及其实施条例、《财政部关于加强政府采购活动内部控制管理的指导意见》(财库〔2016〕99号)、《中国气象局计财司关于下发〈气象部门内部控制基本指引〉的通知》等相关法律文件为主要依据，贯彻2018年《深化政府采购制度改革方案》相关政策，紧扣《政府采购需求管理办法》(财库〔2021〕22号)和中央部门预算管理一体化系统内控要求，开展研究和操作规范编制，具有一定的难度和挑战性，也更具有实用性。

《气象部门政府采购工作规范》以气象业务高质量发展需求为导向，以落实《气象高质量发展纲要(2022—2035年)》和《全国气象发展“十四五”规划》为重点，全面介绍气象部门政府采购货物和服务采购活动全过程规范化操作，从而解决气象部门政府采购人员临时性和流动性大、专职人员严重不足的问题，进而规范气象部门政府采购行为。

本书编者具有丰富的政府采购项目全过程组织管理经验，能够很好地将相关的法律法规融会贯通于书中各章节，内容涵盖财务管理，如政府采购预算编制与调剂、资金支付等；政府采购实务操作规范方面，如编制采购文件、发布采购项目公告、组织项目评审、确定采购结果、质疑与投诉处理等；内控管理方面，如采购需求和采购实施计划编制、合同签订与履约验收等，切实为气象部门采购人提供良好的帮助和指导。

本书可以为读者快速了解掌握我国政府采购活动全过程实务操作提供有效抓手，也可以为政府采购或财务管理研究者和相关专业学生提供参考与借鉴，同时本书也可以为从事政府采购职业者或代理机构工作者提供理论依据和实践指导。

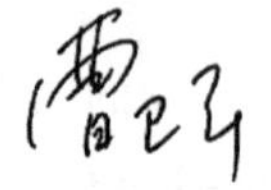

2022 年 12 月

中国气象局气象软科学(项目编号:2021ZDIANXM25)资助

气象部门政府采购工作规范

王丽岩　冷春香　等　编著

技术顾问　秦　勇

气象出版社
China Meteorological Press

内容简介

本书以政府采购项目所涉及的采购活动全链条业务为主线，从政府采购业务要求、业务规范、业务流程、主要依据，以及法律责任及主要风险为结构框架进行说明，为便于读者整体化系统性了解政府采购业务及操作要求，具体依次从政府采购业务综述、政府采购需求编制、政府采购预算编制、政府采购方式及适用范围、政府采购计划编制、采购文件编制、开展政府采购活动、政府采购项目合同履行、政府采购计划执行情况与统计编报、政府采购项目归档管理等方面展开介绍，供读者参考使用。

图书在版编目（CIP）数据

气象部门政府采购工作规范 / 王丽岩等编著. -- 北京 : 气象出版社, 2023.3
ISBN 978-7-5029-7946-1

Ⅰ. ①气… Ⅱ. ①王… Ⅲ. ①气象局－政府采购－工作－规范－中国 Ⅳ. ①F812.45-65

中国国家版本馆CIP数据核字(2023)第054247号

气象部门政府采购工作规范
Qixiang Bumen Zhengfu Caigou Gongzuo Guifan

出版发行：气象出版社
地　　址：北京市海淀区中关村南大街 46 号　**邮政编码**：100081
电　　话：010-68407112(总编室)　010-68408042(发行部)
网　　址：http://www.qxcbs.com　**E-mail**：qxcbs@cma.gov.cn
责任编辑：王　迪　**终　　审**：张　斌
责任校对：张硕杰　**责任技编**：赵相宁
封面设计：地大彩印设计中心
印　　刷：三河市君旺印务有限公司
开　　本：710 mm×1000 mm　1/16　**印　　张**：13.75
字　　数：272 千字
版　　次：2023 年 3 月第 1 版　**印　　次**：2023 年 3 月第 1 次印刷
定　　价：80.00 元

前　言

我国政府采购作为经济的调节器、稳定器以及财政支出的重要管理手段，为增强国内大循环内生动力和可靠性、提升国际循环质量和水平、构建新发展格局、加快建设现代化经济体系、实现高质量健康发展发挥着保驾护航的重要作用，也是增进国家治理体系治理能力的普遍做法。

20 世纪 80 年代末、90 年代初，我国开始试行政府采购制度，经过一段时间的探索，于 2002 年 6 月 29 日，中华人民共和国第九届全国人民代表大会常务委员会第二十八次会议通过了《中华人民共和国政府采购法》，自此以其为统领，以《中华人民共和国政府采购法实施条例》和《政府采购货物和服务招标投标管理办法》（财政部令第 87 号）、《政府采购非招标采购方式管理办法》（财政部令第 74 号）、《政府采购质疑和投诉办法》（财政部令第 94 号）、《政府采购框架协议采购方式管理暂行办法》（财政部令第 110 号）、《关于开展政府采购意向公开工作的通知》（财库〔2020〕10 号）、《政府采购促进中小企业发展管理办法》（财库〔2020〕46 号）、《政府采购需求管理办法》（财库〔2021〕22 号）等部门规章为依托，形成了较为完整的政府采购法律制度体系，涵盖了体制机制、执行操作、基础管理以及监督裁决等各个方面的政策法规。

中国气象局是四级垂直管理单位，从国家局到省局、市局、县局，预算单位近 3000 家，因此政府采购工作辐射面较广。气象部门每年政府采购预算几十亿元，专职采购人员不到职工总数的 1%，采购人员的临时性和流动性较大，预算单位专业化和规范化政府采购及管理较薄弱。为了便于气象部门采购人更好地了解和掌握政府采购管理的理论和政策，满足气象部门采购人需要，我们编写了《气象部门政府采购工作规范》，力求全面系统地反映政府采购全过程各环节涉及的政策法规，清晰准确地落位到日常实务操作层面，希望切实发挥指导或有效参考作用。

本书从落实采购人主体责任出发，以气象部门政府采购需求和政府采购预算及执行贯穿始终，详细介绍了政府采购业务要求、业务规范、业务流程、主要依据，以及法律责任和主要风险。

本书由长期从事政府采购研究和实施采购业务操作的王丽岩主要负责编写、

冷春香统稿及审核定稿，编写大纲由长期从事项目设计与编制工作的曹玉静负责。编写成员(按照姓氏笔画顺序)：于丽萍、王丹丹、王斯宇、尹德翠、刘亚明、杜建君、李涛、李梦杨、李晶、宋晓爽、张夏虹、陈欣、钮燕茹、郭晋、谢博思。感谢技术顾问秦勇为本书提出很多宝贵意见；感谢宋伟、张琛、刘彤和李茹对本书的大力支持和关心；感谢编写组成员的辛勤劳动。

本书在编写过程中，参考并借鉴了国家税务总局集中采购中心编著的《国税系统政府采购工作规范》，在此表示诚挚的谢意！

由于时间仓促、水平有限，本书难免存在疏漏和不足之处，敬请读者批评指正！

王丽岩

2022 年 10 月

目　录

第一章　政府采购业务综述

政府采购是指依据《中华人民共和国政府采购法》(以下简称《采购法》)第二条规定,"各级国家机关、事业单位和团体组织,使用财政性资金采购依法制定的集中采购目录以内的或者采购限额标准以上的货物、工程和服务的行为"。

第一节　气象部门政府采购全过程业务内容

根据国家和中国气象局现行的政府采购法律法规及规章制度等的规定,对照气象部门采购人需要落实的主体责任和履行的职责,需实施政府采购全过程业务规范管理,主要包括以下9个方面。

一、确定采购需求

采购需求是实施政府采购业务的源头,也是工作起点,科学合理确定采购需求是加强政府采购源头管理的重要内容,是执行政府采购预算、发挥采购政策功能、落实公平竞争交易规则的重要抓手,在采购活动整体流程中具有引领性关键性的重要作用。采购需求应当符合法律法规、政府采购政策和国家有关规定,符合国家强制性标准,遵循预算、资产和财务等相关管理制度规定,符合采购项目特点和实际需要。气象部门应当按照《政府采购需求管理办法》(财库〔2021〕22号)规定,合理确定政府采购项目需求。

二、编报政府采购预算

政府采购预算是指采购单位根据事业发展计划和行政任务编制并经过规定程序批准的年度政府采购计划。通常采购单位项目批复或投资下达后,凡纳入政府采购管理范围内的项目,均进入项目库,并按照确定的采购需求,以及有关要求编报政府采购预算,为后续采购活动奠定必要基础,以实现无预算不采购的刚性约束。政府采购预算与部门年度预算同时申报，并随部门预算一并批复。预算批复后，政府采购预算通过“中央部门预算管理一体化系统”导入政府采购预算指标，为后续政府采购计划申请、备案、资金支付等一系列相关采购活动使用。

三、公开采购意向

公开采购意向是推进优化政府采购营商环境的重要举措，有助于提高政府采购透明度，方便供应商提前了解政府采购信息，对于保障各类市场主体平等参与政府采购活动，提升采购绩效，防范抑制腐败具有重要作用。中央预算单位的采购意向在中国政府采购网（www. ccgp. gov. cn）中央主网公开，地方预算单位的采购意向在中国政府采购网地方分网公开，采购意向也可在省级以上财政部门指定的其他媒体同步公开。采购意向公开时间应当尽量提前，原则上不得晚于采购活动开始前 30 日。因预算单位不可预见的原因急需开展的采购项目，可不公开采购意向。

四、编报政府采购计划

政府采购计划是政府采购需求管理的重要内容，是政府采购预算执行的具体安排，包括采购项目的名称、采购品目、采购标的、采购预算、采购数量（规模）、组织形式、采购方式、落实政府采购政策有关内容等。政府采购计划通过中央预算管理一体化系统政府采购模块（以下简称一体化系统采购模块）报送财政部国库司备案。部门预算批复前，可使用系统中“二上”政府采购预算编报政府采购计划。对于“二上”政府采购预算未编报前确需实施采购的项目，可在一体化系统采购模块中编报临时政府采购计划，待政府采购预算批复后，再将临时采购计划挂接在相应的政府采购预算下。

采购实施计划，是指采购人围绕实现采购需求，对合同的订立和管理所做的安排。采购实施计划根据法律法规、政府采购政策和国家有关规定，结合采购需求的特点确定。其中合同订立安排，包括采购项目预（概）算、最高限价，开展采购活动的时间安排，采购组织形式和委托代理安排，采购包划分与合同分包，供应商资格条件，采购方式、竞争范围和评审规则等；合同管理安排，包括合同类型、定价方式、合同文本的主要条款、履约验收方案、风险管控措施等。

五、委托采购

预算单位采购集中采购目录内或采购限额标准以上的货物、服务或工程项目，应按照有关规定执行。如，采购"中央预算单位政府集中采购目录及标准(2020 年版)"则须委托中央国家机关采购中心，采购"中国气象局办公室关于印发气象部门部门集中采购目录(2021 年版)"则须委托中国气象局政府采购中心(中国气象局气象发展与规划院项目采购中心)，其他可自行采购也可委托采购。

政府采购项目委托采购须通过一体化系统采购模块进行代理机构选择确认，继而开展采购活动。

六、采购活动实施

采购活动具体指报备政府采购计划、选择采购代理机构、编审采购文件、发布采购公告、抽取评审专家、组织专家谈判或评审、确认采购评审结果、发布成交或中标公告、签订采购合同并公告，以及采购质疑或投诉处理等一系列工作。

当政府采购项目属于《政府采购需求管理办法》第十一条规定事项，还应当在采购活动开始前编制采购需求和采购实施计划，并经采购预算单位(或其委托第三方机构)审查通过，才能编制采购文件。

采购人应当建立审查工作机制，对采购需求和采购实施计划进行审查。审查分为一般性审查和重点审查。一般性审查内容包括，采购需求是否符合预算、资产、财务等管理制度规定；对采购方式、评审规则、合同类型、定价方式的选择是否说明适用理由；属于按规定需要报相关监管部门批准、核准的事项，是否作出相关安排；采购实施计划是否完整。重点审查是在一般性审查的基础上进行的非歧视性审查、竞争性审查、采购政策审查、履约风险审查，以及采购人或者主管预算单位认为应当审查的其他内容。

七、签订和公告政府采购合同

政府采购合同签订管理主要包括合同类型与合同文本、合同签订期限、合同公告，以及资金支付。合同文本应当包含法定必备条款和采购需求的所有内容，包括但不限于标的名称，采购标的质量、数量(规模)，履行时间(期限)、地点和方式，包装方式，价款或者报酬、付款进度安排、资金支付方式，验收、交付标准和方法，质量保修范围和保修期，违约责任与解决争议的方法等。《采购法》规定，采购人与中标、成交供应商应当在中标、成交通知书发出之日起三十日内，按照采购文件确定的事项签订政府采购合同。《中华人民共和国政府采购法实施条例》(以下简称《采购法实施条例》)第五十条规定，采购人应当自政府采购合同签订之日起 2 个工作日内，将政府采购合同在省级以上人民政府财政部门指定的媒体上公告，但政府采购合同中涉及国家秘密、商业秘密的内容除外。第五十一条规定，采购人应当按照政府采购合同规定，及时向中标或者成交供应商支付采购资金。

八、履约验收

履约验收是保证采购质量、完成采购任务、开展绩效评价等的重要基本保障，是规范政府采购管理的必要事项。《采购法》第四十一条规定，采购人或者其委托的采购代理机构应当组织对供应商履约的验收。大型或者复杂的政府采购项目，应当邀请国家认可的质量检测机构参加验收工作。验收方成员应当在验收书上签字，并承担相应的法律责任。《采购法实施条例》第四十五条规定，采购人或者采购代理机构应当按照政府采购合同规定的技术、服务、安全标准组织对供应商履约情况进行验收，并出具验收书。验收书应当包括每一项技术、服务、安全标准的履约情况。《政府采购需求管理办法》第二十四条规定，验收内容要包括每一项技术和商务要求的履约情况，验收标准要包括所有客观、量化指标。不能明确客观标准、涉及主观判断的，可以通过在采购人、使用人中开展问卷调查等方式，转化为客观、量化的验收标准。

九、归档政府采购项目材料

项目采购实施完成后需要对采购活动过程产生的原始文件、材料进行归档，形成完整的采购档案。这些材料既是政府规范采购行为、强化内控管理和监督检查与绩效评价的重要依据，也是衡量检验政府采购业务是否合法、规范、专业的直接途径，而且是政府采购管理的最后一环。采购项目归档管理材料主要包括项目批复、资金下达通知、政府采购预算申报与采购计划备案、变更采购方式申报与批复(若有)、进口产品采购申报与批复(若有)、需求调查(若有)、采购需求和实施计划编制与审查、委托采购协议等、招标文件及招标公告、投标文件及中标或成交公告、评审或定标文件等、合同文本、验收证明、质疑答复(若有)、投诉处理决定(若有)，以及其他有关文件、资料等。《采购法》规定，采购档案保存期限为从采购结束之日起至少保存 15 年。

第二节　政府采购全过程业务流程

政府采购全过程业务流程如图 1-1 所示，包括市场调查或项目设计、编制政府采购需求、编制政府采购预算、公开政府采购意向、编制采购实施计划(若需)、审查采购需求和实施计划(若需)、采购预算调剂(若需)、进口和变更采购方式审核(若需)、政府采购计划申报备案、委托项目政府采购(若需)、编制审核采购文件、组织政府采购活动、公告政府采购结果、质疑或投诉(若有)、签订政府采购合同、公告政府采购合同、合同履约验收与登记、资金支付、政府采购材料归档等。

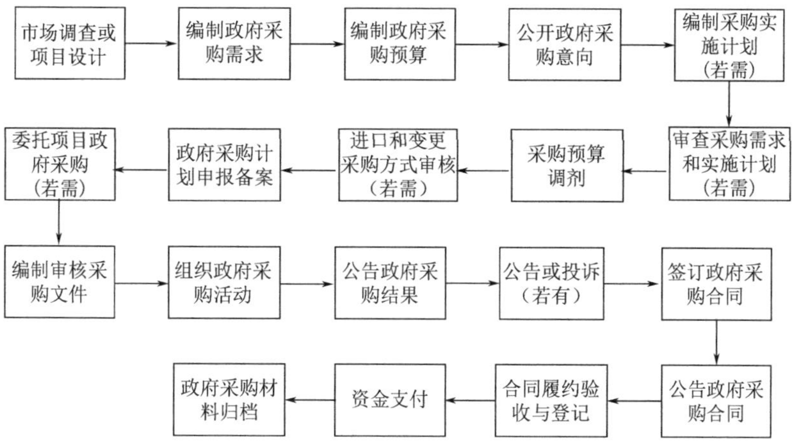

图 1-1　政府采购全过程业务流程示意图

预算一体化政府采购模块涉及的政府采购业务全过程主要包括预算环节、采购环节和资金支付环节。无预算不采购,因此首先进入预算环节,包括项目库、预算编制“一上”、预算编制“二上”和预算调剂等节点,然后进入采购环节,包括政府采购计划报备、采购委托、合同管理(信息统计)和履约验收登记 4 个节点,最后进入资金支付(图 1-2)。

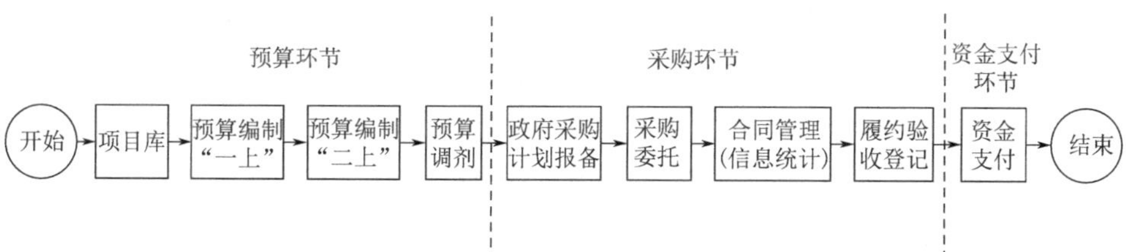

图 1-2　预算一体化政府采购模块涉及政府采购业务流程示意图

第三节　政府采购主要法律法规及相关政策文件规定

政府采购业务开展以具体项目采购执行为载体,组织实施政府采购活动,其各环节必须严格遵守政府采购法律法规及相关政策文件。

《采购法》第二条规定,本法所称政府采购,是指各级国家机关、事业单位和团体组织，使用财政性资金采购依法制定的集中采购目录以内的或者采购限额标准以上的货物、工程和服务的行为。第六条规定，政府采购应当严格按照批准的预算执行。第九条规定，政府采购应当有助于实现国家的经济和社会发展政策目标，包括保护环境，扶持不发达地区和少数民族地区，促进中小企业发展等。第十一条规定，政府采购的信息应当在政府采购监督管理部门指定的媒体上及时向社会公开发布，但涉及商业秘密的除外。第十九条规定，采购人可以委托集中采购机构以外的采购代理机构，在委托的范围内办理政府采购事宜。采购人有权自行选择采购代理机构，任何单位和个人不得以任何方式为采购人指定采购代理机构。第二十条规定，采购人依法委托采购代理机构办理采购事宜的，应当由采购人与采购代理机构签订委托代理协议，依法确定委托代理的事项，约定双方的权利义务。第四十六条规定，采购人与中标、成交供应商应当在中标、成交通知书发出之日起三十日内，按照采购文件确定的事项签订政府采购合同。第六十三条规定，采用本法规定的采购方式的，采购人在采购活动完成后，应当将采购结果予以公布。

《采购法实施条例》第八条规定，政府采购项目信息应当在省级以上人民政府财政部门指定的媒体上发布。采购项目预算金额达到国务院财政部门规定标准的，政府采购项目信息应当在国务院财政部门指定的媒体上发布。第十一条规定，采购人在政府采购活动中应当维护国家利益和社会公共利益，公正廉洁，诚实守信，执行政府采购政策，建立政府采购内部管理制度，厉行节约，科学合理确定采购需求。第十五条规定，采购人、采购代理机构应当根据政府采购政策、采购预算、采购需求编制采购文件。第二十九条规定，采购人应当根据集中采购目录、采购限额标准和已批复的部门预算编制政府采购实施计划，报本级人民政府财政部门备案。第四十三条规定，采购代理机构应当自评审结束之日起 2 个工作日内将评审报告送交采购人。采购人应当自收到评审报告之日起 5 个工作日内在评审报告推荐的中标或者成交候选人中按顺序确定中标或者成交供应商。采购人或者采购代理机构应当自中标、成交供应商确定之日起 2 个工作日内，发出中标、成交通知书，并在省级以上人民政府财政部门指定的媒体上公告中标、成交结果，招标文件、竞争性谈判文件、询价通知书随中标、成交结果同时公告。第四十五条规定，采购人或者采购代理机构应当按照政府采购合同规定的技术、服务、安全标准组织对供应商履约情况进行验收，并出具验收书。验收书应当包括每一项技术、服务、安全标准的履约情况。第五十一条规定，采购人应当按照政府采购合同规定，及时向中标或者成交供应商支付采购资金。政府采购项目资金支付程序，按照国家有关财政资金支付管理的规定执行。第五十二条规定，采购人或者采购代理机构应当在 3 个工作日内对供应商依法提出的询问作出答复。

第五十四条规定，询问或者质疑事项可能影响中标、成交结果的，采购人应当暂停签订合同，已经签订合同的，应当中止履行合同。

《政府采购货物和服务招标投标管理办法》第五条规定，采购人应当在货物服务招标投标活动中落实节约能源、保护环境、扶持不发达地区和少数民族地区、促进中小企业发展等政府采购政策。第六条规定，采购人应当按照行政事业单位内部控制规范要求，建立健全本单位政府采购内部控制制度，在编制政府采购预算和实施计划、确定采购需求、组织采购活动、履约验收、答复询问质疑、配合投诉处理及监督检查等重点环节加强内部控制管理。第九条规定，未纳入集中采购目录的政府采购项目，采购人可以自行招标，也可以委托采购代理机构在委托的范围内代理招标。第十条规定，采购人应当对采购标的的市场技术或者服务水平、供应、价格等情况进行市场调查，根据调查情况、资产配置标准等科学、合理地确定采购需求，进行价格测算。第二十条规定，采购人或者采购代理机构应当根据采购项目的特点和采购需求编制招标文件。第二十六条规定，采购人或者采购代理机构可以在招标文件提供期限截止后，组织已获取招标文件的潜在投标人现场考察或者召开开标前答疑会。第二十七条规定，采购人或者采购代理机构可以对已发出的招标文件、资格预审文件、投标邀请书进行必要的澄清或者修改，但不得改变采购标的和资格条件。澄清或者修改应当在原公告发布媒体上发布澄清公告。澄清或者修改的内容为招标文件、资格预审文件、投标邀请书的组成部分。第三十一条规定，非单一产品采购项目，采购人应当根据采购项目技术构成、产品价格比重等合理确定核心产品，并在招标文件中载明。第四十一条规定，开标时，应当由投标人或者其推选的代表检查投标文件的密封情况；经确认无误后，由采购人或者采购代理机构工作人员当众拆封，宣布投标人名称、投标价格和招标文件规定的需要宣布的其他内容。投标人不足 3 家的，不得开标。第四十二条规定，开标过程应当由采购人或者采购代理机构负责记录，由参加开标的各投标人代表和相关工作人员签字确认后随采购文件一并存档。第四十四条规定，公开招标采购项目开标结束后，采购人或者采购代理机构应当依法对投标人的资格进行审查。合格投标人不足 3 家的，不得评标。第四十五条规定，采购人或者采购代理机构负责组织评标工作。第四十八条规定，采购人或者采购代理机构应当从省级以上财政部门设立的政府采购评审专家库中，通过随机方式抽取评审专家。第六十九条规定，采购人或者采购代理机构应当自中标人确定之日起 2 个工作日内，在省级以上财政部门指定的媒体上公告中标结果，招标文件应当随中标结果同时公告。在公告中标结果的同时，采购人或者采购代理机构应当向中标人发出中标通知书；对未通过资格审查的投标人，应当告知其未通过的原因；采用综合评分法评审的，还应当告知未中标人本人的评审得分与排序。第七十一条规定，采购人应当自中标通知书发出之日起30日内，按照招标文件和中标人投标文件的规定，与中标人签订书面合同。所签订的合同不得对招标文件确定的事项和中标人投标文件作实质性修改。第七十四条规定，采购人应当及时对采购项目进行验收。采购人可以邀请参加本项目的其他投标人或者第三方机构参与验收。参与验收的投标人或者第三方机构的意见作为验收书的参考资料一并存档。第七十五条规定，采购人应当加强对中标人的履约管理，并按照采购合同约定，及时向中标人支付采购资金。对于中标人违反采购合同约定的行为，采购人应当及时处理，依法追究其违约责任。第七十六条规定，采购人、采购代理机构应当建立真实完整的招标采购档案，妥善保存每项采购活动的采购文件。

《政府采购质疑和投诉办法》第五条规定，采购人负责供应商质疑答复。采购人委托采购代理机构采购的，采购代理机构在委托授权范围内作出答复。第十三条规定，采购人、采购代理机构不得拒收质疑供应商在法定质疑期内发出的质疑函，应当在收到质疑函后7个工作日内作出答复，并以书面形式通知质疑供应商和其他有关供应商。第十六条规定，采购人、采购代理机构认为供应商质疑不成立，或者成立但未对中标、成交结果构成影响的，继续开展采购活动；认为供应商质疑成立且影响或者可能影响中标、成交结果的，按照不同情况予以处理：一是对采购文件提出的质疑，依法通过澄清或者修改可以继续开展采购活动的，澄清或者修改采购文件后继续开展采购活动；否则应当修改采购文件后重新开展采购活动。二是对采购过程、中标或者成交结果提出的质疑，合格供应商符合法定数量时，可以从合格的中标或者成交候选人中另行确定中标、成交供应商的，应当依法另行确定中标、成交供应商；否则应当重新开展采购活动。质疑答复导致中标、成交结果改变的，采购人或者采购代理机构应当将有关情况书面报告本级财政部门。

《政府采购信息发布管理办法》第八条规定，中央预算单位政府采购信息应当在中国政府采购网发布，地方预算单位政府采购信息应当在所在行政区域的中国政府采购网省级分网发布。第九条规定，财政部门、采购人和其委托的采购代理机构应当对其提供的政府采购信息的真实性、准确性、合法性负责。第十六条规定，采购人或者其委托的采购代理机构未依法在指定媒体上发布政府采购项目信息的，依照政府采购法实施条例第六十八条追究法律责任。

《政府购买服务管理办法》第二十四条规定，政府购买服务合同履行期限一般不超过1年；在预算保障的前提下，对于购买内容相对固定、连续性强、经费来源稳定、价格变化幅度小的政府购买服务项目，可以签订履行期限不超过3年的政府购买服务合同。第二十五条规定，购买主体应当加强政府购买服务项目履约管理，开展绩效执行监控，及时掌握项目实施进度和绩效目标实现情况，督促承接主体严格履行合同，按照合同约定向承接主体支付款项。

《政府采购需求管理办法》第三条定义了政府采购需求管理，是指采购人组织确定采购需求和编制采购实施计划，并实施相关风险控制管理的活动。第四条规定，采购需求管理应当遵循科学合理、厉行节约、规范高效、权责清晰的原则。第五条规定，采购人对采购需求管理负有主体责任。第十条规定，采购人可以在确定采购需求前，通过咨询、论证、问卷调查等方式开展需求调查，了解相关产业发展、市场供给、同类采购项目历史成交信息，可能涉及的运行维护、升级更新、备品备件、耗材等后续采购，以及其他相关情况。面向市场主体开展需求调查时，选择的调查对象一般不少于 3 个，并应当具有代表性。第二十二条规定，合同类型按照民法典规定的典型合同类别，结合采购标的的实际情况确定。第二十四条规定，履约验收方案要明确履约验收的主体、时间、方式、程序、内容和验收标准等事项。第二十五条规定，要研究采购过程和合同履行过程中的风险，判断风险发生的环节、可能性、影响程度和管控责任，提出有针对性的处置措施和替代方案。第二十七条规定，采购人应当将采购需求管理作为政府采购内控管理的重要内容，建立健全采购需求管理制度，加强对采购需求的形成和实现过程的内部控制和风险管理。第二十九条规定，采购人应当建立审查工作机制，在采购活动开始前，针对采购需求管理中的重点风险事项，对采购需求和采购实施计划进行审查。第三十四条规定，采购需求和采购实施计划的调查、确定、编制、审查等工作应当形成书面记录并存档。采购文件应当按照审核通过的采购需求和采购实施计划编制。

第二章　政府采购需求

在政府采购业务中，采购需求管理贯穿政府采购活动各环节，就具体采购项目而言，采购需求编制是采购全过程工作的源头，是采购活动的第一环，其中包括需求调查和采购需求编制。

第一节　需求调查

一、业务要求

采购项目属于《政府采购需求管理办法》(财库〔2021〕22 号文)第十一条规定情形的，应开展需求调查。需求调查前应拟定调查项目名称、调查范围。《政府采购需求管理办法》第十条规定，面向市场主体开展需求调查时，选择的调查对象一般不少于 3 个，并应当具有代表性。调查内容包括了解相关产业发展、市场供给、同类采购项目历史成交信息，可能涉及的运行维护、升级更新、备品备件、耗材等后续采购，以及其他相关情况，并估算采购费用。

编制采购需求前一年内，采购人已就相关采购标的开展过需求调查的可以不再重复开展。按照法律法规的规定，对采购项目开展可行性研究等前期工作，已包含本办法规定的需求调查内容的，可以不再重复调查；对在可行性研究等前期工作中未涉及的部分，应当按照本办法的规定开展需求调查。

二、业务规范

(一)需求调查报告编制要求

1. 采购人应明确是否需要开展需求调查及必要说明。

2. 确定需求调查的项目名称。

3. 拟采用的需求调查方式。

4. 拟确定的调查对象基本情况及调查的数据信息。

5. 需求调查结论，说明采购项目的成本费用是否在投资估算范围内，以及能承担本项目的潜在供应商是否具有一定的竞争性。也可提供与本项目类似的用户调查，或使用评价等。

（二）需求调查编制参考模板

按照规定，当具体实施政府采购需求调查时，应依据业务规范要求，编制采购项目市场调查情况，逐项填写调查信息，为便于气象部门采购人操作，提供表 2-1 参考模板。

表 2-1　政府采购需求调查模板

<table>
<tr><td>项目名称</td><td colspan="3">×××××××</td></tr>
<tr><td>项目预算</td><td colspan="3">1000 万元</td></tr>
<tr><td>调查方式</td><td colspan="3">□咨询　□论证　□问卷调查　☑其他方式 <u>网络查询检索及文案调查</u></td></tr>
<tr><td>项目类别</td><td colspan="3">☑1000 万元以上的货物、服务采购项目，3000 万元以上的工程采购项目
□涉及公共利益、社会关注度较高的采购项目，包括政府向社会公众提供的公共服务项目等
☑技术复杂、专业性较强的项目，包括需定制开发的信息化建设项目、采购进口产品的项目等
□主管预算单位或者采购人认为需要开展需求调查的其他采购项目
编制说明：对于同时满足多个类别条件的应当勾选多项</td></tr>
<tr><td>调查结果</td><td colspan="3">（采购标的相关产业发展、市场供给、同类采购项目历史成交信息，可能涉及的运行维护、升级更新、备品备件、耗材等后续采购情况，以及其他相关情况）
（一）相关产业（业务）发展情况
（二）市场供给情况（不少于 3 个具有代表性的供应商或品牌，或其他有限竞争或供给说明）
（三）同类采购项目历史成交信息（以市场调查对象情况分别列示不少于 3 个，下表格式）
（四）可能涉及的运行维护、升级更新、备品备件、耗材等后续采购情况
（五）其他相关情况</td></tr>
<tr><td colspan="4">市场调查对象情况
说明：面向市场主体开展需求调查时，选择的调查对象一般不少于 3 个，并应当具有代表性</td></tr>
<tr><td>序号</td><td>供应商名称</td><td>同类项目历史成交信息</td><td>联系方式</td></tr>
<tr><td>1</td><td></td><td></td><td></td></tr>
<tr><td>2</td><td></td><td></td><td></td></tr>
<tr><td>3</td><td></td><td></td><td></td></tr>
</table>

三、业务流程

需求调查的业务流程主要包括确定需求调查项目、拟采用的需求调查方式、拟确定的调查对象基本情况，最后获得需求调查结论，如图 2-1 所示。

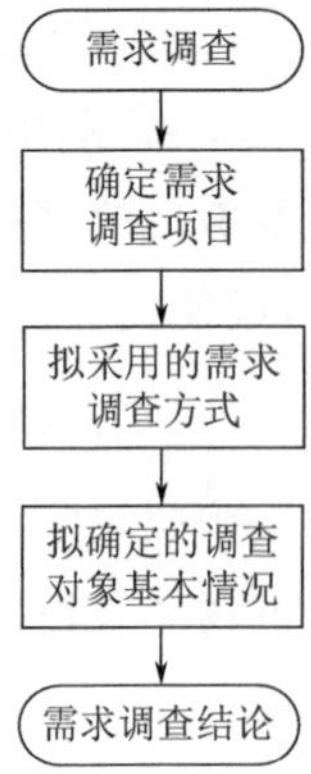

图 2-1　需求调查流程

四、主要依据

（一）《政府采购货物和服务招标投标管理办法》第十条规定，采购人应当对采购标的的市场技术或者服务水平、供应、价格等情况进行市场调查，根据调查情况、资产配置标准等科学、合理地确定采购需求，进行价格测算。

（二）《政府采购需求管理办法》第十一条规定，对于下列采购项目，应当开展需求调查：

1. 1000 万元以上的货物、服务采购项目，3000 万元以上的工程采购项目；

2. 涉及公共利益、社会关注度较高的采购项目，包括政府向社会公众提供的公共服务项目等；

3. 技术复杂、专业性较强的项目，包括需定制开发的信息化建设项目、采购进口产品的项目等；

4. 主管预算单位或者采购人认为需要开展需求调查的其他采购项目。

编制采购需求前一年内，采购人已就相关采购标的开展过需求调查的可以不再重复开展。

按照法律法规的规定，对采购项目开展可行性研究等前期工作，已包含本办法规定的需求调查内容的，可以不再重复调查；对在可行性研究等前期工作中未涉及的部分，应当按照本办法的规定开展需求调查。

五、法律责任及主要风险提示

《政府采购需求管理办法》第三十六条规定，在政府采购项目投诉、举报处理和监督检查过程中，发现采购人未按本办法规定建立采购需求管理内控制度、开展采购需求调查和审查工作的，由财政部门采取约谈、书面关注等方式责令采购人整改，并告知其主管预算单位。对情节严重或者拒不改正的，将有关线索移交纪检监察、审计部门处理。

第二节　采购需求编制

一、业务要求

采购需求是指采购人为实现项目目标，拟采购的标的及其需要满足的技术、商务要求。气象部门采购需求一般由采购人项目需求处室提出，通常从可研报告、初步设计报告或任务书等直接提炼。采购需求可以直接引用相关国家标准、行业标准、地方标准等，也可以根据项目目标提出更高的技术要求。

二、业务规范

1. 采购需求应当符合法律法规、政府采购政策和国家有关规定，符合国家强制性标准，遵循预算、资产和财务等相关管理制度规定，符合采购项目特点和实际需要。

2. 明确采购项目预算，在预算范围内确定采购标的配置标准、建设内容和拟实现的目标，包括技术和商务等符合采购项目特点的实际要求。

3. 技术要求是指对采购标的的功能和质量要求，包括性能、材料、结构、外观、安全，或者服务内容和标准等。

4. 商务要求是指取得采购标的的时间、地点、财务和服务要求，包括供应商资格条件、服务能力及相关要求、采购标的交付要求，具体实施的时间/期限和地点/范围要求、验收要求、培训要求、付款条件/进度和方式、包装和运输、售后服务、产权归属，以及保险等要求。

5. 采购需求应当清楚明了、表述规范、含义准确。技术要求和商务要求应当客观，量化指标应当明确相应等次，有连续区间的按照区间划分等次。需由供应商提供设计方案、解决方案或者组织方案的采购项目，应当说明采购标的的功能、应用场景、目标等基本要求，并尽可能明确其中的客观、量化指标。

6. 采购标的的其他技术、服务等要求。

三、业务流程

编制采购需求的业务流程如图 2-2 所示，主要包括确定采购项目名称、确定采购项目预算、项目需求场景介绍、项目技术要求描述、项目服务要求描述、产品交付要求描述、项目建设周期描述、市场供应情况介绍等。

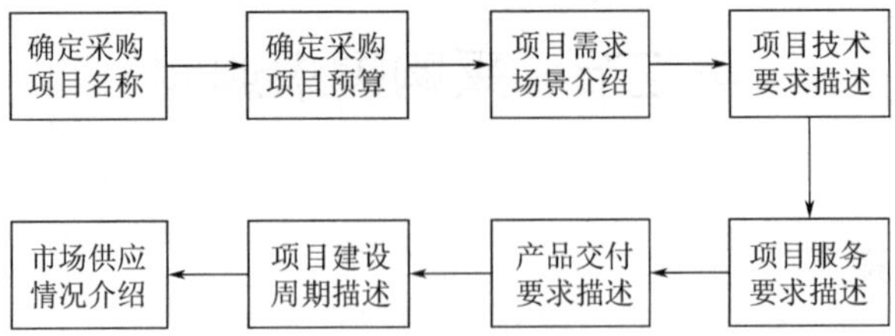

图 2-2　编制采购需求流程示意图

四、主要依据

(一)《采购法实施条例》第十一条规定，采购人在政府采购活动中应当维护国家利益和社会公共利益，公正廉洁，诚实守信，执行政府采购政策，建立政府采购内部管理制度，厉行节约，科学合理确定采购需求。第十五条规定，采购需求应当符合法律法规以及政府采购政策规定的技术、服务、安全等要求。政府向社会公众提供的公共服务项目，应当就确定采购需求征求社会公众的意见。除因技术复杂或者性质特殊，不能确定详细规格或者具体要求外，采购需求应当完整、明确。必要时，应当就确定采购需求征求相关供应商、专家的意见。

(二)《政府采购货物和服务招标投标管理办法》第十一条规定，采购需求应当完整、明确，包括以下内容：1. 采购标的需实现的功能或者目标，以及为落实政府采购政策需满足的要求；2. 采购标的需执行的国家相关标准、行业标准、地方标准或者其他标准、规范；3. 采购标的需满足的质量、安全、技术规格、物理特性等要求；4. 采购标的的数量、采购项目交付或者实施的时间和地点；5. 采购标的需满足的服务标准、期限、效率等要求；6. 采购标的的验收标准；7. 采购标的的其他技术、服务等要求。

(三)《政府采购需求管理办法》第六条规定，采购需求，是指采购人为实现项目目标，拟采购的标的及其需要满足的技术、商务要求。技术要求是指对采购标的的功能和质量要求，包括性能、材料、结构、外观、安全，或者服务内容和标准等。商务要求是指取得采购标的的时间、地点、财务和服务要求，包括交付(实施)的时间(期限)和地点(范围)，付款条件(进度和方式)，包装和运输，售后服务，保险等。第七条规定，采购需求应当符合法律法规、政府采购政策和国家有关规定，符合国家强制性标准，遵循预算、资产和财务等相关管理制度规定，符合采购项目特点和实际需要。采购需求应当依据部门预算(工程项目概预算)确定。第八条规定，确定采购需求应当明确实现项目目标的所有技术、商务要求，功能和质量指标的设置要充分考虑可能影响供应商报价和项目实施风险的因素。第九条规定，采购需求应当清楚明了、表述规范、含义准确。技术要求和商务要求应当客观，量化指标应当明确相应等次，有连续区间的按照区间划分等次。需由供应商提供设计方案、解决方案或者组织方案的采购项目，应当说明采购标的的功能、应用场景、目标等基本要求，并尽可能明确其中的客观、量化指标。

五、法律责任及主要风险提示

（一）《政府采购货物和服务招标投标管理办法》第七十七条第一款规定，采购人未按照规定编制采购需求的，由财政部门责令限期改正；情节严重的，给予警告，对直接负责的主管人员和其他直接责任人员由其行政主管部门或者有关机关依法给予处分，并予以通报；涉嫌犯罪的，移送司法机关处理。

（二）政府采购需求不完整、不明确，存在歧义。

（三）《中华人民共和国政府采购法实施条例》第二十条第二款规定，设定的资格、技术、商务条件与采购项目的具体特点和实际需要不相适应或者与合同履行无关；第三款规定，采购需求中的技术、服务等要求指向特定供应商、特定产品；第六款规定，限定或者指定特定的专利、商标、品牌或者供应商。

第三章 政府采购预算

第一节 政府采购预算介绍

一、业务要求

政府采购预算是指采购人根据事业发展计划和行政任务编制的，并经过规定程序批准的年度政府采购计划。政府采购预算是行政事业单位等财务预算的重要组成部分，一般包括采购项目、采购资金来源、数量、型号、单价等。政府采购预算集中反映了预算年度内各级政府用于采购的支出计划，在一定程度上反映了行政事业单位的资金收支规模和业务活动范围及方向。

二、业务规范

部门预算分为基本支出预算和项目支出预算。基本支出预算包括人员工资性支出和公用经费支出，即为保障单位正常运转和人员正常上班的经费支出。因而基本支出的政府采购预算可在往年采购情况的基础上考虑预算年度的特殊性进行预算编制，一般每年变化不大。项目支出预算分为维持类项目和专项支出项目。维持类项目为维持单位正常业务活动的项目经费，由于单位的业务活动基本保持稳定，因而政府采购预算可在往年采购情况的基础上(参考往年采购合同)考虑预算年度的特殊性进行预算编制，一般每年变化不大。专项支出项目是为完成某项特定工作任务安排的专项资金，按照中国气象局的项目管理流程，所有的专项项目均有可研报告/项目任务书文本，政府采购预算可参考批复的可研报告/任务书进行编制。

三、业务流程

政府采购预算挖掘流程如图 3-1 所示，部门预算主要包括基本支出和项目支出。

其中，基本支出主要是公用经费，可基于往年采购合同基础上填报政府采购预算；项目支出主要包括维持性项目和专项支出，维持性项目主要基于往年采购合同基础上填报政府采购预算，专项支出则严格按照可研报告/任务书进行填报政府采购预算。

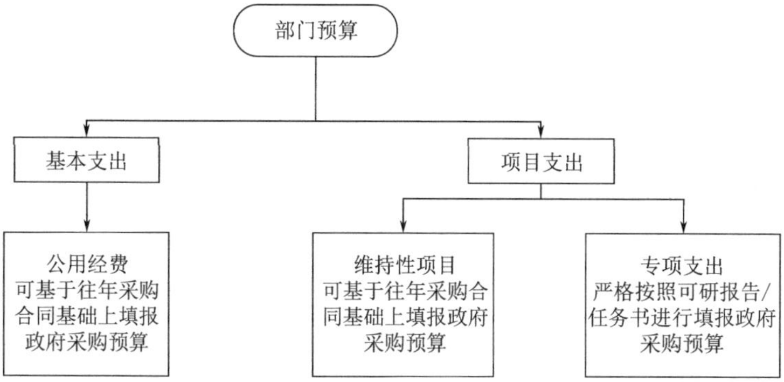

图 3-1　政府采购预算挖掘流程示意图

四、主要依据

（一）《中华人民共和国政府采购法》和《中华人民共和国政府采购法实施条例》。

（二）《中华人民共和国预算法》。

（三）预算单位项目书或任务书。

（四）其他批复文件。

五、主要风险提示

（一）《采购法》第三十三条规定，负有编制部门预算职责的部门在编制下一财政年度部门预算时，应当将该财政年度政府采购的项目及资金预算列出，报本级财政部门汇总。

（二）政府采购预算是部门预算的一个有机组成部分，是政府采购活动的主要依据，一经同级人大批准，即具有法律效力，不可随意变更。

（三）《采购法》第六条规定，政府采购应当严格按照批准的预算执行。

六、政府采购预算填报参考案例

专项支出项目填报政府采购预算时可参考项目可研报告及可研报告附表，或者项目任务书。

（一）依据可研报告编制政府采购预算

按照政府采购定义，由图 3-2 可以推测，可研报告中的投资估算可能其中 3 项属于政府采购项目，需要编制政府采购预算，因此进一步通过可研报告附表核查，如图 3-3 和图 3-4 所示：

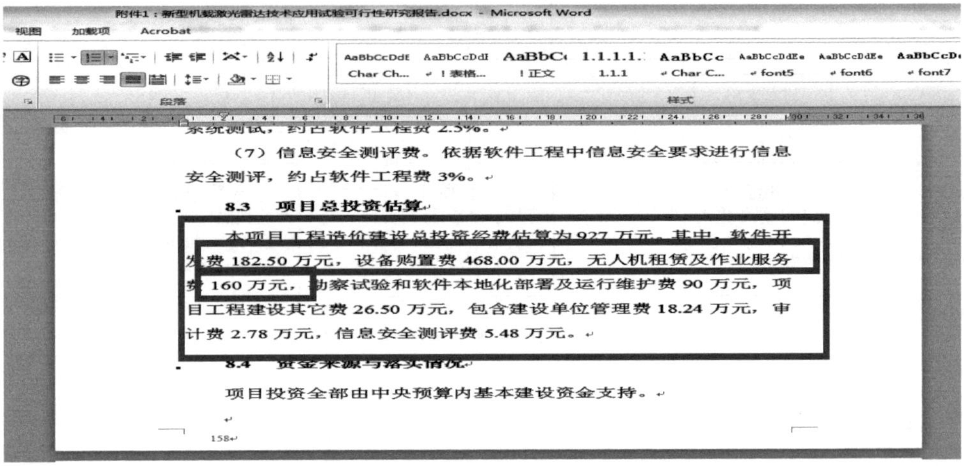

图 3-2　可研报告投资估算章节示意图

单位：万元

序号	工程或费用名称	建筑与安装工程费	设备购置费	应用软件开发费	合计	投资来源				备注
						中央	地方	自筹	其他	
1	工程费用	0.00	468.00	182.50	900.50	900.50				
1.1	新型机载激光雷达技术应用试验	0.00	468.00	182.50	650.50	650.50				
1.2	无人机租赁及作业服务费	/	/	/	160.00	160.00				
1.3	勘察试验和软件本地化部署及运行维护费	/	/	/	90.00	90.00				
2	工程建设其他费用	/	/	/	26.50	26.50				
2.1	建设单位管理费	/	/	/	18.24	18.24				财建（2016）504号
2.2	审计费	/	/	/	2.78	2.78				发改价格[2010]196号，按项目总投资额的3‰计取
2.3	信息安全测评费	/	/	/	5.48	5.48				依据软件工程中信息安全要求进行信息安全测评
	合计	/			927.00	927.00				

图 3-3　可研报告附表项目总投资估算

单位：万元

序号	设备名称	简要规格	参考型号	产地（国别与地区）	设备必要性	单位	数量	单价	合价
1	新型机载激光雷达技术应用试验								
1.1	激光雷达及平台	安全等级CLASS1，最大测量距离250m（60%反射率），测距精度15mm，最大有效测量速率100000meas./sec，视场角360°；定制平台实现搭载多种遥感探测设备	AZ-Li250 Riegl mini VUX-1	中国	必须，用于获取陆地生态系统关键参数	台	1	203.00	203.00
1.2	机载MiniSAR合成孔径雷达	工作频率C波段，全极化，微带天线，脉冲体制，跳频调频体制，空间分辨率0.25m、0.5m、1m、2m，扫描幅宽 1Km（typ），测	D3030	中国	必须，用于获取陆地生态系统关键参数	台	1	180.00	180.00
1.3	多光谱成像光谱仪	光谱范围：395-1000nm，光谱带宽20nm，双面阵探测器：4384 x 3288及2064 x 1544，无运动光学部件，一次成像；处理器：ARM Cortex A9；帧频：2 Cube/s；供电：5.0 VDC，4.0 W (max)；抗风等级：7-8级；任务能力：3h@20kg载荷	K6	美国	必须，用于获取地物多光谱辐射信息	台	1	25.00	25.00
1.4	热红外成像仪	观测帧频高于30 Hz，灵敏度0.03 K，观测分辨率1280 x 1024，镜头：RGB与热红外	WIRIS Pro	捷克	必须，用于观测重点生态功能区的温度和湿度数据	台	1	20.00	20.00
1.5	应用服务器	类别：机架式 4U；CPU：4颗，优于Intel® Xeon® Gold 5115 2.2Hz以上处理器，14核；内存：384GB；硬盘：8*2TB 7.2K RPM SAS 6Gbps 2.5英寸热插拔硬盘；RAID模式：RAID 5；网络控制器：4×1Gb 网络卡；SSD系统硬盘500G2块；2x万兆网络接口；配套2016中文标准版操作系统	联想ThinkSystem SR860	中国	必须，用于数据服务应用	台	2	16.00	32.00
1.6	网络交换机	性能指标：48口万兆核心交换机，100GE上行数据中心交换机；交换容量：2.16Tbps/19.44Tbps；包转发率：720 Mpps；端口描述：48个10GE Base-T接口，6个100GE QSFP28接口，或40GE QSFP+端口	华为CE6870-48T6CQ-EI	中国	必须，数据传输设备	台	1	8.00	8.00
合计		/							468.00

图 3-4　可研报告附表项目设备购置费估算

从图 3-3 和图 3-4 可以清楚地看到，有 4 项需要填报政府采购预算，其中设备购置还需具体查询购置设备的明细，确认采购设备是否达到公开招标限额，以判断政府采购方式；是否在政府集中采购目录内，以判断填报政府采购组织形式等，使得政府采购预算编报人员可清晰准确地与项目负责人具体沟通政府采购预算的填报要求。

（二）项目任务书

有些专项项目经费是通过项目任务书申请，在项目任务书中应重点查询任务书中“任务经费预算书”页，其中重点需查看的经费预算科目包括：办公设备购置费、专业设备购置、信息网络构建及软件购置更新费、委托业务费等科目，确认是否存在需填报政府采购预算的科目，同时京内单位办公费、专用材料费、车辆运行维护费等科目中可能会存在集中采购目录内的小额零星政府采购（涉及品目：复印纸、打印用通用耗材、车辆维修保养及加油服务和机动车保险服务等）。

第二节　政府采购预算编制

一、业务要求

采购限额以上和集中采购目录以内的采购项目均应该编制政府采购预算。

全面完整编制政府采购预算是加强政府采购管理的重要基础。中央单位应随部门预算编制时一并编制政府采购预算。

政府采购预算应在预算控制数范围内根据业务活动内容细化。政府采购预算编制要求将采购项目具体化，将资金来源明晰化，以反映部门预算中项目预算的构成及资金分配情况。

2023 年中央预算单位全面实行中央预算一体化系统后，编制预算在“一上”时即开始编制政府采购预算，填报内容包括部门经济分类、政府采购品目、单位、数量和金额，而在编制“二上”政府采购预算时需明确到具体采购项目并足额预留面向中小企业采购份额并确认面向小微企业比例，可对“一上”采购预算进行调整、合并和细化。对中央预算一体化系统提示应编而未编采购预算的项目，必须在系统中勾选未编制理由或作出说明，否则系统不予通过。

政府采购预算的填报范围：

（一）政府集中采购目录及标准范围内的货物、工程及服务项目。集中采购目录以中央和地方财政部门发文为准，目前最新的采购目录为《国务院办公厅关于印发中央预算单位政府集中采购目录及标准(2020 年版)的通知》(国办发〔2019〕55 号)。

(二)单项采购预算在 100 万元以上货物和服务项目、120 万元以上的工程项目。

二、业务规范

所有需填报政府采购预算的项目应纳入部门预算的支出,包括所有非人员支出项目。填报内容包括:

“一上”时,政府采购预算在预算编制的“二级项目细化”步骤中与项目文本内容同时填报。项目如果存在政府采购相关需求,在“项目详情”中“是否涉及政府采购”勾选“是”,会出现“政府采购-××××年”填报页面。填报内容包括:

(一)部门经济分类:与“经济分类细化”中的内容一致,需有相关科目预算才可填报。

(二)政府采购品目:请参考《政府采购品目分类目录》填写至最底级目录编号。

(三)是否政府采购:选择“是”。

(四)计量单位、数量和单价:同一经济分类且品目相同的采购可汇总填写。

(五)金额:分资金来源(财政拨款、单位资金、上年结转)填列。

“一上”部门预算上报表中,会自动采集信息形成政府采购支出表,主要涉及内容包括预算项目、部门支出经济科目、采购品目、数量、单位、金额和资金来源。

“二上”时,政府采购预算从“二级项目细化”的政府采购页面提取基本信息,根据提取的内容,进一步细化,填报内容包括:

(一)采购预算项目名称:按实际采购内容填写。

(二)采购类型:货物/工程/服务。

(三)是否面向中小企业采购:填写“是”“否”。选择“是”代表专门面向中小企业采购,原则上 100 万～200 万元的货物和服务采购项目,200 万～400 万元的工程采购项目,适宜由中小企业提供的,应选“是”,并在相应“货物”“工程”“服务”栏中填写全部采购预算金额;200 万元以上的货物和服务采购项目,400 万元以上的工程采购项目适宜由中小企业提供的,应选“是”,并在相应“货物”“工程”“服务”栏中填写至少 40%采购预算金额;同时填写面向小微比例和金额。选择“否”,需填写不适宜原因及说明。

(四)设备名称、拟实现的主要功能或目标。根据采购需求,详细描述需求及测算依据。

三、业务流程

预算单位政府采购预算编报流程如图 3-5 所示,首先由财务管理部门在“二上”预算前,下达编制政府采购预算通知,各部门根据项目预算填报政府采购预算需求后，由归口管理部门审核，财务管理部门对采购预算进行综合平衡，初审后提出建议，然后由中心领导审定后，按部门预算编制流程，上报至中国气象局。

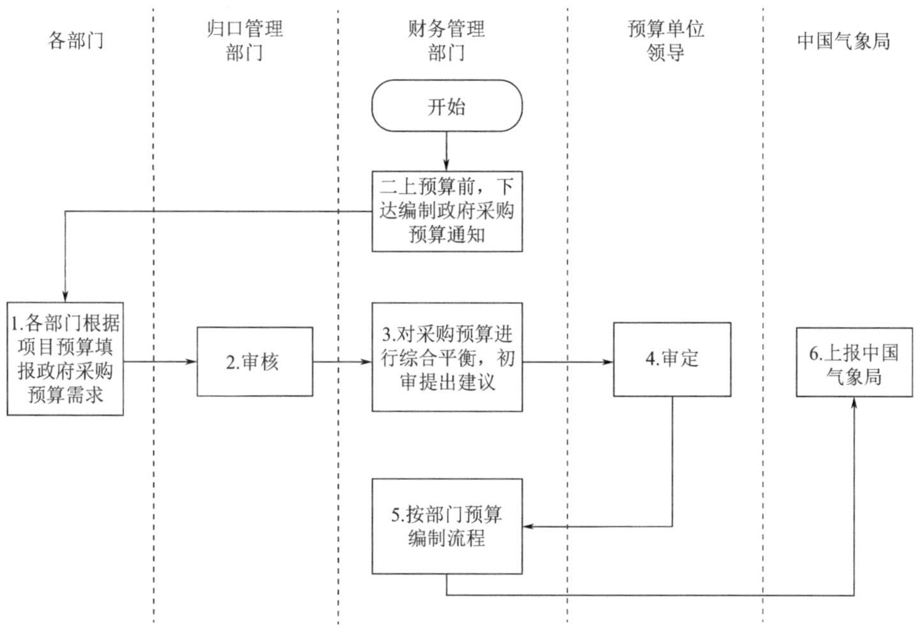

图 3-5　预算单位政府采购预算编报流程示意图

四、主要依据

（一）《中华人民共和国政府采购法》。

（二）《中华人民共和国政府采购法实施条例》。

（三）《中华人民共和国预算法》。

（四）预算单位项目书或任务书。

（五）其他批复文件。

五、主要风险提示

（一）《采购法》第六条规定，政府采购应当严格按照批准的预算执行。

（二）不得无预算或超预算采购。

（三）未按照规定编制政府采购预算。

（四）分年度支付的政府采购，以后年度支付预算以概算剩余体现，并在以后年度逐年填报冲销。使用概算剩余需报财政部审批。

第三节　政府采购预算上报与下达

一、政府采购预算上报审核

采购预算的审核,需参考第一节中政府采购项目来源,采购预算应与相关项目的实际业务活动相匹配。同时按照中国气象局要求,政府采购预算作为部门预算的重要组成部分应经过预算单位领导班子集体审议通过后再上报中国气象局。

二、政府采购预算批复下达

政府采购预算依托部门预算由人大审议通过后下发。批复后的政府采购预算项目指标自动导入一体化采购模块,中央预算单位据此编报政府采购计划。预算执行时,将按照政府采购预算现模,将项目资金分为政府采购预算资金和非政府采购预算资金下达。

三、政府采购预算指标管理

2023 年正式通过中央预算管理一体化系统相关模块进行预算指标管理。政府采购预算为项目预算的一部分,相关政府预算指标的调整调剂通过“预算调整调剂”模块的“预算项目调剂”完成。预算管理一体化系统主要包括基础信息管理、预算管理、预算批复、政府采购、项目库管理、预算调整调剂、资产管理以及预算执行等指标管理相关模块,如图 3-6 所示。

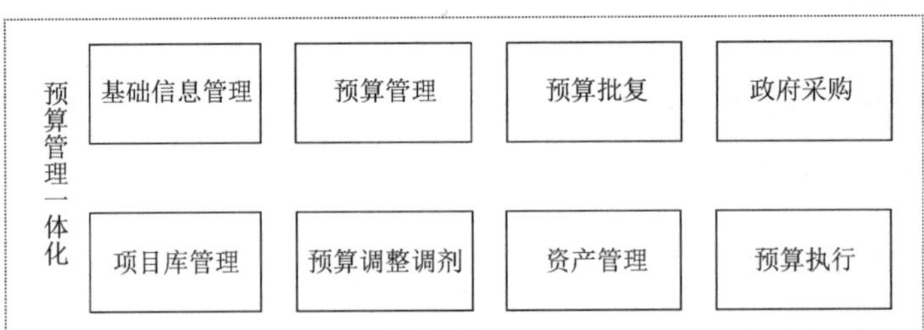

图 3-6　政府采购预算指标管理主要相关模块

第四节　政府采购预算调剂

一、业务要求

政府采购预算是部门预算的一个有机组成部分，是政府采购活动的主要依据，一经同级人大批准，即具有法律效力，不可随意变更。

预算执行中部门预算资金调剂（包括追加、追减或调整结构）需要明确政府采购预算的，应按部门预算调剂的有关程序和规定一并办理。由预算单位逐级审核后，再由主管部门审核报财政部备案。备案后的政府采购预算项目指标在一体化系统中相关关联模块自动更新。

预算执行中预算项目支出总金额不变且不涉及部门支出经济分类的类级科目调整，需要对采购项目名称、采购品目、采购类型、中小企业预留份额进行调整的，一体化系统“政府采购—采购预算名称及预留情况调整（非预算调整调剂）”模块填报相关信息，由预算单位自行审核后备案使用。涉及部门支出经济分类的类级科目调整、采购金额调整、采购项目的增减调整等在一体化系统“预算调整预调剂”模块填报相关信息，由预算单位逐级审核后，再由中国气象局审核后备案使用。

调剂备案后的政府采购预算作为中央单位编报政府采购计划、申请变更政府采购方式和采购进口产品的依据。

中央单位应准确区分不同类型，根据采购项目情况据实进行政府采购预算的报批和备案管理，不得随意调减政府采购预算以规避政府采购和公开招标。

二、业务规范

以下政府采购预算调剂业务规范和业务流程，以及参考案例依据《气象部门政府采购预算调剂流程（试行）》的通知（气计函〔2020〕42 号）进行介绍。

（一）政府采购预算调剂申请提交

1. 第一季度因预算一体化政府采购模块中未导入预算指标，各级预算单位以公文形式提交政府采购临时预算调剂申请，附政府采购预算调整备案表电子版。

2. 第二至第四季度，各级预算单位通过预算一体化政府采购模块填报政府采购预算调剂申请，并上传盖有本单位公章的政府采购预算调整备案表及其电子版。第二、三季度提交申请的截止日期为本季度末的倒数第 5 个工作日（不含），第四季度提交申请的截止日期为11月的倒数第5个工作日(不含)。

(二)政府采购预算调剂申请汇总

1. 第一季度各二级预算单位汇总本单位及所属预算单位政府采购预算调整备案表,于季度末的最后5个工作日内将汇总表以公文形式报计财司。

2. 第二至第四季度中国气象局机关服务中心通过预算一体化政府采购模块汇总各单位的政府采购预算调剂申请,每季度汇总一次,并于季度末的最后5个工作日内将汇总表以公文形式报计财司。

(三)政府采购预算调剂申请审核

二级和三级预算单位负责对所属预算单位提交的政府采购预算调剂申请进行审核,审核内容包括是否超预算调剂、有无附件或附件是否齐全、附件内容不完整等。

中国气象局机关服务中心负责对政府采购预算调剂申请是否按要求提交附件进行形式审核。

中国气象局计划财务司负责对政府采购预算调剂是否超预算进行审核。

(四)政府采购预算调剂备案

中国气象局计划财务司负责出具向财政部进行政府采购预算调剂备案的公文,中国气象局机关服务中心负责通过预算一体化政府采购模块将备案数据报财政部。

第一季度的备案公文通过公文系统抄送相关二级预算单位,由二级预算单位分发至申请单位。申请单位应在预算一体化政府采购模块导入预算指标后的3个工作日内,将备案申请录入系统。超期未录入系统的,本次调剂备案作废,且本年度内不再对该项目进行调剂。

第二至第四季度的备案公文通过公文系统抄送各二级预算单位留存备查,由中国气象局机关服务中心统一将备案公文上传至预算一体化政府采购模块报财政部备案。

(五)特殊情况处理

应急采购项目需调剂政府采购预算的,不受上述时限限制,随时申报随时备案。

预算单位使用当年(2022年)结转资金时涉及政府采购的,按照上年结转预算项目调剂程序办理。

三、业务流程

政府采购预算调剂流程如图3-7所示,提出调剂申请后,由申请单位填写政府采购预算调整备案表，并盖单位公章。在第一季度，以公文形式提交调剂申请，即政府采购预算调整备案表的盖章扫描件，随后逐级审核汇总，在二级预算单位汇总后，在一季度末内的最后 5 个工作日内公文报送计财司，申请单位通过中央预算管理一体化系统导入预算指标后的 3 个工作日内，将备案申请录入系统，并报财政部备案。在第二、三、四季度，需通过中央预算管理一体化系统填报政府采购预算调剂申请，上传政府采购预算调整备案表的盖章扫描件，随后逐级审核汇总，通过公文报送计财司（季度末的最后 5 个工作日内，四季度提交申请的截止日期为 11 月的倒数第 5 个工作日（不含）），最后报财政部备案。

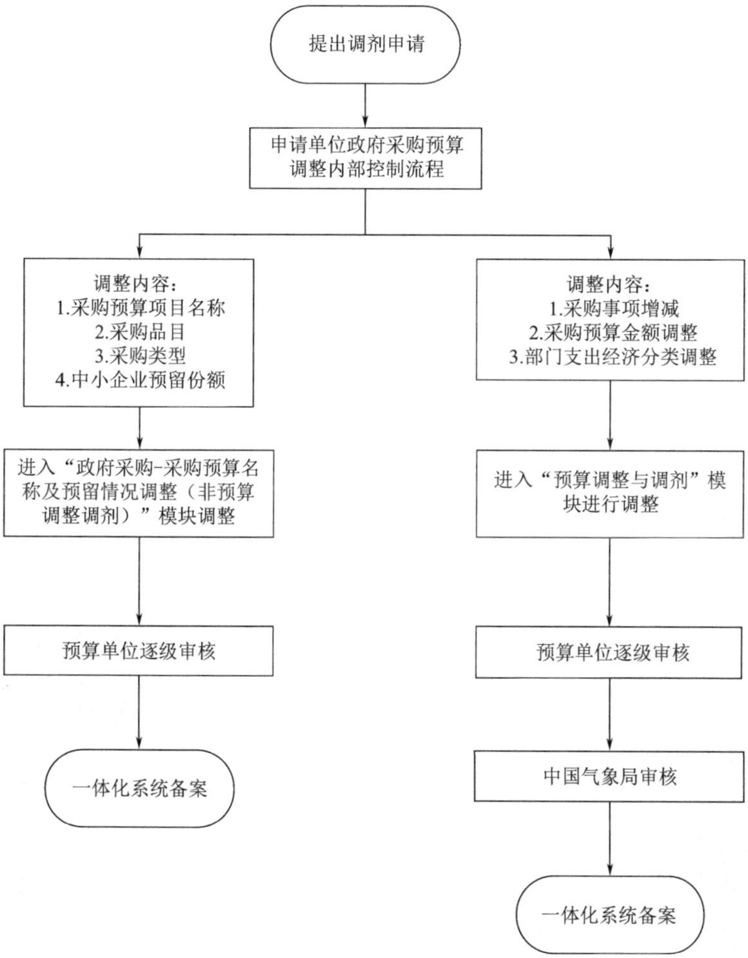

图 3-7　政府采购预算调剂流程示意图

四、主要依据

（一）根据中国气象局计划财务司关于印发《气象部门政府采购预算调剂流程（试行）》的通知（气计函〔2020〕42 号）：除部门预算资金调剂情形外，各单位预算执行中预算支出总金额不变但需要单独调剂政府采购预算的类别（货物、工程、服务）和金额，以及使用非财政拨款资金采购需要明确政府采购预算的，可按照文件要求申请政府采购预算调剂。

（二）《财政部关于完善中央单位政府采购预算管理和中央高校、科研院所科研仪器设备采购管理有关事项的通知》（财库〔2016〕194 号）。

五、主要风险提示

（一）政府采购预算是本单位全口径预算的重要组成部分，在编制全口径预算时要全面完整地编制政府采购预算，尽量避免在预算执行过程中进行调剂。

（二）项目当年无法执行或建设内容大幅缩减等情况下要相应调减政府采购预算，正常招标结余可不进行调减。

（三）不得随意调减政府采购预算以规避政府采购和公开招标。

六、政府采购预算调剂参考案例

（一）政府采购—采购预算名称及预留情况调整（非预算调整调剂）”模块填报。

1. 进入模块后，在“采购预算调整经办—采购预算项目调整列表”中点击新增，进入政府预算项目列表，如图 3-8 所示。

图 3-8　政府采购预算项目调整列表示意图

2. 选择预算项目后，可看到该预算项目下填报的所有采购预算列表，选择需要调整的采购预算项目进行调剂操作，图 3-9 所示。

图 3-9　选择需要进行政府采购预算调剂项目示意图

3. 对采购预算项目进行调整，如图 3-10 所示。

（二）涉及采购预算金额、部门支出经济分类的类级科目调整，以及采购事项的增减，则在“预算调整与调剂”模块中进行政府采购预算的调整，具体步骤如下。

1. 进入预算项目调剂—单位经办岗，选择项目，点击右上角“调剂”按钮。

2. 进入“政府采购”页面，可增减政府采购相关预算信息。

3. 在“调剂信息概览”页，填写“调剂原因”，点击右上角“确认保存”后，相关调剂信息会进入“未送审”页面。

4. 进入“未送审”页面，选择调剂信息送审。

5. 调剂信息逐级审核，直到审核完成备案。在“全部”页面，可查询到所有预算调剂项目的审核状态。

图 3-10　政府采购预算项目调整页面示意图

第五节　公开政府采购意向

一、业务要求

中央预算单位自 2020 年 7 月 1 日起实施的政府采购项目，应当按规定公开采购意向。采购意向公开时间应当尽量提前，原则上不得晚于采购活动开始前 30 日公开采购意向。采购意向由预算单位定期或者不定期公开，可以按单独项目公开，也可以集中列示采购项目统一公开。

二、业务规范

（一）政府采购意向编制要求

1. 编制采购意向首先需要确定采购预算金额，其次确定采购项目名称，这项通常与后续填报的“财政部政府采购计划管理系统”中的采购计划申请以及“财政部政府采购管理交易系统”采购公告等相关联。

2. 根据立项文件或相关任务书等编制采购需求概况，包括采购标的需实现的主要功能或者目标，采购标的数量，以及采购标的需满足的质量、服务、安全、时限等要求，并预计采购活动开始时间。

3. 采购意向应当尽可能清晰完整，便于供应商提前做好参与采购活动的准备。

4. 其他需要说明的情况。

5. 因预算单位不可预见的原因急需开展的采购项目，可不公开采购意向。

（二）政府采购意向公开参考文本

政府采购意向

为便于供应商及时了解政府采购信息，根据财政部《关于开展政府采购意向公开工作的通知》（财库〔2020〕10 号）等有关规定，现将(单位名称)　　年(至)　　月采购意向公开，如下表政府采购意向公开内容及格式。

政府采购意向公开内容及格式

序号	采购项目名称	采购需求概况	预算金额（万元）	预计采购时间（填写到月）	备注
	填写具体采购项目的名称	填写采购标的名称，采购标的需实现的主要功能或者目标，采购标的数量，以及采购标的需满足的质量、服务、安全、时限等要求	精确到万元	填写到月	其他需要说明的情况
	……				

本次公开的采购意向是本单位政府采购工作的初步安排，具体采购项目情况以相关采购公告和采购文件为准。

××(单位名称)

年　月　日

三、业务流程

政府采购意向的公开流程如图 3-11 所示，主要包括确定政府采购预算金额、确定采购的项目名称、编制采购需求概况以及公开政府采购意向。

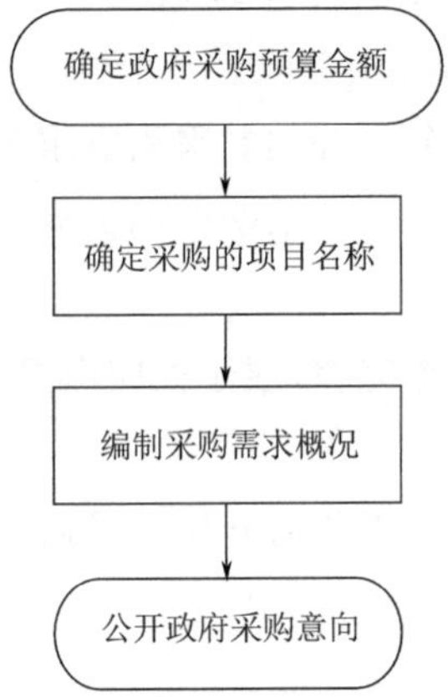

图 3-11　政府采购意向公开流程示意图

四、主要依据

按照《关于开展政府采购意向公开工作的通知》(财库〔2020〕10 号)规定，采购意向由预算单位负责公开。采购意向仅作为供应商了解各单位初步采购安排的参考，采购项目实际采购需求、预算金额和执行时间以预算单位最终发布的采购公告和采购文件为准。

五、法律责任及主要风险提示

部门预算批复前公开的采购意向，以部门预算“二上”内容为依据；部门预算批复后公开的采购意向，以部门预算为依据。预算执行中新增采购项目应当及时公开采购意向。

财政部将结合政府采购透明度评估工作，对采购意向公开情况进行检查并对检查结果予以通报。

第四章　政府采购方式及适用范围

《采购法》第二十六条规定，政府采购方式包括公开招标、邀请招标、竞争性谈判、单一来源采购、询价、国务院政府采购监督管理部门认定的其他采购方式。目前其他采购方式，具体包括《政府采购竞争性磋商采购方式管理暂行办法》规定的竞争性磋商和《政府采购框架协议采购方式管理暂行办法》规定的框架协议采购方式。

采购方式的选择主要因采购需求及采购标的不同而应选择适当的采购方式。

第一节　公开招标

一、业务要求

公开招标，是指采购人依法以招标公告的方式邀请非特定的供应商参加投标的采购方式。采购人采购公开招标数额标准以上的货物、服务，以及采购符合招标范围和合同估算价金额标准以上的工程时，应采用公开招标方式采购。采购人不得将应当以公开招标方式采购的货物或者服务化整为零或者以其他任何方式规避公开招标采购。

二、业务规范

采用公开招标方式采购货物或服务时，需准备并完成以下各规定事项：

（一）计划阶段

1. 确定采购需求，详见第二章。

2. 明确政府采购预算和公开采购意向，详见第三章。

3. 编报备案政府采购计划，详见第五章。

4. 编制招标文件，详见第六章。

（二）采购阶段

1. 自行采购或委托代理机构采购及签订委托代理采购协议，详见第七章。

2. 依法审核确认计划阶段中各项准备工作满足后续采购活动。

3. 发布招标公告，详见第七章。

4. 组建评标委员会，组织开评标活动，并提交评审报告，详见第七章。

5. 在采购中，出现下列情形之一的，应予废标：(1)符合专业条件的供应商或者对招标文件作实质响应的供应商不足 3 家的；(2)出现影响采购公正的违法、违规行为的；(3)投标人的报价均超过了采购预算，采购人不能支付的；(4)因重大变故，采购任务取消的。废标后，采购人应当将废标理由通知所有投标人。废标后，除采购任务取消情形外，应当重新组织招标；需要采取其他方式采购的，应当在采购活动开始前获得设区的市、自治州以上人民政府采购监督管理部门或者政府有关部门批准。

6. 公告采购结果，发出中标和未中标通知，详见第七章。

(三)履约阶段

1. 签订并公告采购合同，以及履约验收等，详见第八章。

2. 采购记录归档，详见第十章。

三、业务流程

公开招标采购具体流程如图 4-1 所示，主要包括公开采购意向、委托采购项目(若需)、招标文件公示审查(若需)、发布招标公告文件、抽取评标专家、开标、评标、发布中标公告/中标通知书、清退投标保证金(若需)、签订政府采购合同、合同公告和履约支付。

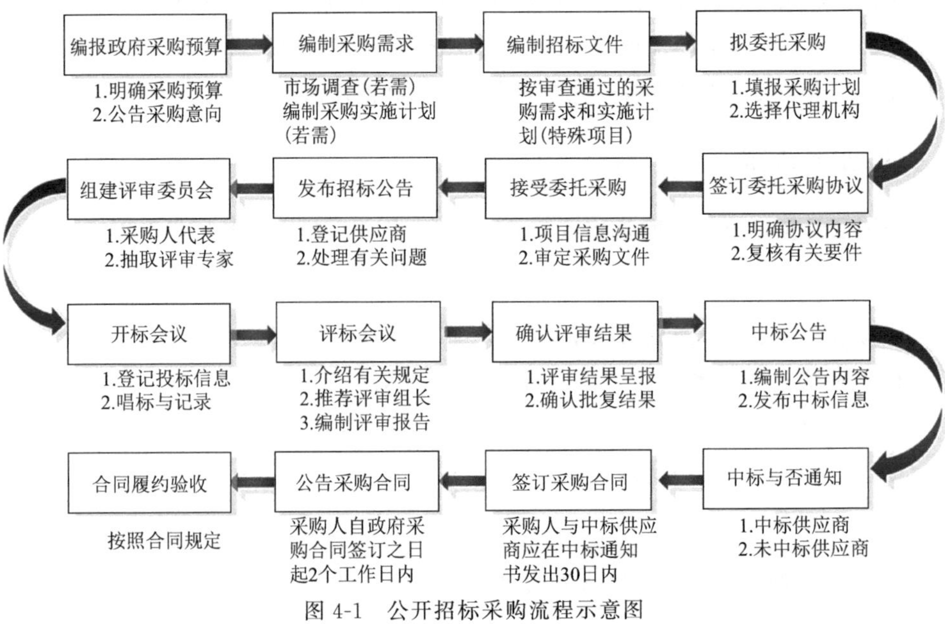

图 4-1 公开招标采购流程示意图

四、主要依据

（一）《采购法》第二十七条规定，采购人采购货物或者服务应当采用公开招标方式的，其具体数额标准，属于中央预算的政府采购项目，由国务院规定；属于地方预算的政府采购项目，由省、自治区、直辖市人民政府规定；因特殊情况需要采用公开招标以外的采购方式的，应当在采购活动开始前获得设区的市、自治州以上人民政府采购监督管理部门的批准。

（二）《中央预算单位政府集中采购目录及标准（2020 年版）》第四项公开招标数额标准明确，政府采购货物或服务项目，单项采购金额达到 200 万元以上的，必须采用公开招标方式。

（三）工程项目公开招标须同时满足《必须招标的工程项目规定》第二条至第五条规定，其中第五条规定必须招标的情形包括：1. 施工单项合同估算价在 400 万元人民币以上；2. 重要设备、材料等货物的采购，单项合同估算价在 200 万元人民币以上；3. 勘察、设计、监理等服务的采购，单项合同估算价在 100 万元人民币以上。同一项目中可以合并进行的勘察、设计、施工、监理以及与工程建设有关的重要设备、材料等的采购，合同估算价合计达到前款规定标准的，必须招标。

（四）《采购法实施条例》第二十三条规定，采购人采购公开招标数额标准以上的货物或者服务，符合政府采购法第二十九条、第三十条、第三十一条、第三十二条规定情形或者有需要执行政府采购政策等特殊情况的，经设区的市级以上人民政府财政部门批准，可以依法采用公开招标以外的采购方式。

（五）《政府采购货物和服务招标投标管理办法》第九条规定，未纳入集中采购目录的政府采购项目，采购人可以自行招标，也可以委托采购代理机构在委托的范围内代理招标。

五、法律责任及主要风险提示

（一）《采购法》第二十八条规定，采购人不得将应当以公开招标方式采购的货物或者服务化整为零或者以其他任何方式规避公开招标采购。

（二）《采购法》第七十一条规定，采购人、采购代理机构应当采用公开招标方式而擅自采用其他方式采购的，责令限期改正，给予警告，可以并处罚款，对直接负责的主管人员和其他直接责任人员，由其行政主管部门或者有关机关给予处分，并予通报。

（三）《采购法实施条例》第二十八条规定，在一个财政年度内，采购人将一个预算项目下的同一品目或者类别的货物、服务采用公开招标以外的方式多次采购，累计资金数额超过公开招标数额标准的，属于以化整为零方式规避公开招标，但项目预算调整或者经批准采用公开招标以外方式采购除外。

(四)《采购法实施条例》第六十七条第二款规定，采购人将应当进行公开招标的项目化整为零或者以其他任何方式规避公开招标，由财政部门责令限期改正，给予警告，对直接负责的主管人员和其他直接责任人员依法给予处分，并予以通报。

第二节 邀请招标

一、业务要求

邀请招标，是指采购人依法从符合相应资格条件的供应商中随机抽取 3 家以上供应商，并以投标邀请书的方式邀请其参加投标的采购方式。

政府采购货物或服务项目未达到公开招标限额标准，可以采用邀请招标，达到公开招标数额标准，气象部门采购人拟采用该方式的，须经财政部批准。

工程建设项目属于国务院发展计划部门确定的国家重点项目和省、自治区、直辖市人民政府确定的地方重点项目不适宜公开招标的，经国务院发展计划部门或者省、自治区、直辖市人民政府批准，可以进行邀请招标。

二、业务规范

采用邀请招标方式采购货物、服务或工程时，需准备并完成以下各规定事项：

(一)计划阶段

1. 确定采购需求，详见第二章。

2. 明确政府采购预算和公开采购意向，详见第三章。

3. 编报备案政府采购计划，详见第五章。

4. 编制招标文件，详见第六章。

5. 确定供应商产生方式及供应商名单，见本节“四、主要依据”第二款规定。

(二)采购阶段

1. 自行组织采购或委托代理机构采购及签订委托代理采购协议，详见第七章。

2. 依法审核确认计划阶段中各项准备工作满足后续采购活动。

3. 发布资格预审公告(若需)，详见第八章。

4. 同时向所有受邀请的供应商发出投标邀请书，即招标文件。

5. 组建评标委员会，组织评审活动，并提交评审报告，详见第七章。

6. 公告采购结果，发出中标和未中标通知，详见第七章。

（三）履约阶段

1. 签订并公告采购合同，以及履约验收等，详见第八章。

2. 采购记录归档，详见第十章。

三、业务流程

邀请招标采购具体流程如图 4-2 所示，主要包括公开采购意向、委托采购项目（若需）、招标文件公示审查（若需）、发布招标公告文件（或直接邀请）、抽取评标专家、开标、评标、发布中标公告/中标通知书、清退投标保证金（若需）、签订政府采购合同、合同公告和履约支付。

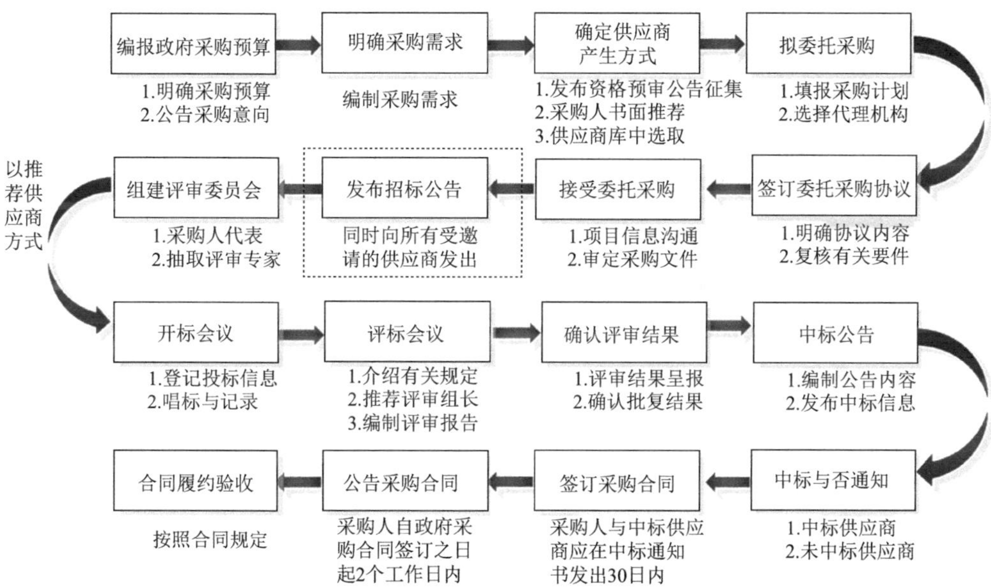

图 4-2　邀请招标采购流程示意图

四、主要依据

（一）《采购法》第二十九条规定，符合下列情形之一的货物或者服务，可以依照本法采用邀请招标方式采购：1. 具有特殊性，只能从有限范围的供应商处采购的；2. 采用公开招标方式的费用占政府采购项目总价值的比例过大的。

（二）《政府采购货物和服务招标投标管理办法》第十四条规定，采用邀请招标方式的，采购人或者采购代理机构应当通过以下方式产生符合资格条件的供应商名单，并从中随机抽取 3 家以上供应商向其发出投标邀请书：1. 发布资格预审公告征集；2. 从省级以上人民政府财政部门（以下简称财政部门）建立的供应商库中选取；3. 采购人书面推荐。采用前款第一项方式产生符合资格条件供应商名单的，采购人或者采购代理机构应当按照资格预审文件载明的标准和方法，对潜在投标人进行资格预审。采用第二项或者第三项方式产生符合资格条件供应商名单的，备选的符合资格条件供应商总数不得少于拟随机抽取供应商总数的两倍。随机抽取是指通过抽签等能够保证所有符合资格条件供应商机会均等的方式选定供应商。随机抽取供应商时，应当有不少于两名采购人工作人员在场监督，并形成书面记录，随采购文件一并存档。

（三）《政府采购非招标采购方式管理办法》第四条规定，达到公开招标数额标准的货物、服务采购项目，拟采用非招标采购方式的，采购人应当在采购活动开始前，报经主管预算单位同意后，向设区的市、自治州以上人民政府财政部门申请批准。

五、主要风险提示

（一）未按规定方式产生符合资格条件的供应商名单。

（二）通过供应商库选取或采购人书面推荐方式产生的供应商的，备选供应商总数少于随机抽取供应商总数的两倍。

（三）未按规定通过随机抽取方式选定受邀供应商，以及随机抽取不符合要求。

第三节　竞争性谈判

一、业务要求

竞争性谈判，是指谈判小组与符合资格条件的供应商就采购货物、工程和服务事宜进行谈判，供应商按照谈判文件的要求提交响应文件和最后报价，采购人从谈判小组提出的成交候选人中确定成交供应商的采购方式。

采购人、采购代理机构采购以下货物、工程和服务之一的，可以采用竞争性谈判：（一）招标后没有供应商投标或者没有合格标的，或者重新招标未能成立的；（二）技术复杂或者性质特殊，不能确定详细规格或者具体要求的；（三）非采购人所能预见的原因或者非采购人拖延造成采用招标所需时间不能满足用户紧急需要的;(四)因艺术品采购、专利、专有技术或者服务的时间、数量事先不能确定等原因不能事先计算出价格总额的。此外,采购项目属于以下情形之一的,可以采用竞争性谈判:(一)依法制定的集中采购目录以内,且未达到公开招标数额标准的货物、服务;(二)依法制定的集中采购目录以外、采购限额标准以上,且未达到公开招标数额标准的货物、服务;(三)达到公开招标数额标准、经批准采用非公开招标方式的货物、服务;(四)按照招标投标法及其实施条例必须进行招标的工程建设项目以外的政府采购工程。

二、业务规范

采用竞争性谈判方式采购货物、服务或工程时,需准备并完成以下各规定事项:

(一)计划阶段

1. 确定采购需求,详见第二章。
2. 明确政府采购预算和公开采购意向,详见第三章。
3. 编报备案政府采购计划,详见第五章。
4. 编制谈判文件,详见第六章。
5. 确定供应商产生方式及供应商名单,见本节“四、主要依据(一)”规定。

(二)采购阶段

1. 自行组织采购或委托代理机构采购及签订委托代理采购协议,详见第七章。
2. 依法审核确认计划阶段中各项准备工作满足后续采购活动。
3. 发布谈判公告(若需),详见第八章。
4. 同时向所有参加谈判的供应商发出谈判文件。
5. 组建谈判小组,组织谈判活动,并提交协商谈判报告,详见第七章。
6. 公告采购结果,发出成交和未成交通知,详见第七章。

(三)履约阶段

1. 签订并公告采购合同,以及履约验收等,详见第八章。
2. 采购记录归档,详见第十章。

三、业务流程

竞争性谈判采购具体流程如图 4-3 所示,主要包括公开采购需求、确认或指定谈判条件、确定邀请谈判的供应商名单、或直接公告并发出谈判文件、组建谈判小组、谈判、最终报价、公告成交结果及谈判文件、发出成交通知书、签订合同、合同公告及履约验收。

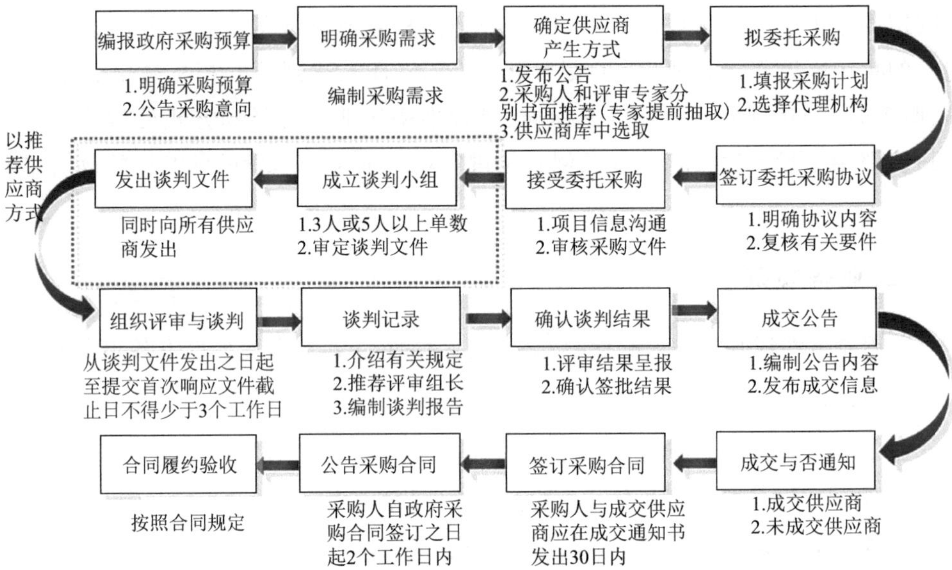

图 4-3　竞争性谈判采购流程示意图

四、主要依据

（一）《政府采购非招标采购方式管理办法》第十二条规定，采购人、采购代理机构应当通过发布公告、从省级以上财政部门建立的供应商库中随机抽取或者采购人和评审专家分别书面推荐的方式邀请不少于 3 家符合相应资格条件的供应商参与竞争性谈判或者询价采购活动。符合《采购法》第二十二条第一款规定条件的供应商可以在采购活动开始前加入供应商库。财政部门不得对供应商申请入库收取任何费用，不得利用供应商库进行地区和行业封锁。采取采购人和评审专家书面推荐方式选择供应商的，采购人和评审专家应当各自出具书面推荐意见。采购人推荐供应商的比例不得高于推荐供应商总数的 50%。

（二）《政府采购非招标采购方式管理办法》第四条规定，达到公开招标数额标准的货物、服务采购项目，拟采用非招标采购方式的，采购人应当在采购活动开始前，报经主管预算单位同意后，向设区的市、自治州以上人民政府财政部门申请批准。公开招标的货物、服务采购项目，招标过程中提交投标文件或者经评审实质性响应招标文件要求的供应商只有两家时，采购人、采购代理机构按照《政府采购非招标采购方式管理办法》第四条经本级财政部门批准后可以与该两家供应商进行竞争性谈判采购，采购人、采购代理机构应当根据招标文件中的采购需求编制谈判文件，成立谈判小组，由谈判小组对谈判文件进行确认。符合上述情形的供应商最低数量可以为两家。

五、法律责任及主要风险提示

（一）《政府采购非招标采购方式管理办法》第二十三条规定，在采购活动中因重大变故，采购任务取消的，采购人或者采购代理机构应当终止采购活动，通知所有参加采购活动的供应商，并将项目实施情况和采购任务取消原因报送本级财政部门。

（二）达到公开招标数额标准的采购项目，未经财政部批准采用竞争性谈判方式采购。

（三）《政府采购非招标采购方式管理办法》第五十一条规定，采购人、采购代理机构有下列情形之一的，责令限期改正，给予警告；有关法律、行政法规规定处以罚款的，并处罚款；涉嫌犯罪的，依法移送司法机关处理：1. 未按照本办法规定在指定媒体上发布政府采购信息的；2. 未按照本办法规定组成谈判小组、询价小组的；3. 在询价采购过程中与供应商进行协商谈判的；4. 未按照政府采购法和本办法规定的程序和要求确定成交候选人的；5. 泄露评审情况以及评审过程中获悉的国家秘密、商业秘密的。采购代理机构有前款情形之一，情节严重的，暂停其政府采购代理机构资格 3 至 6 个月；情节特别严重或者逾期不改正的，取消其政府采购代理机构资格。

（四）《政府采购非招标采购方式管理办法》第五十二条规定，采购人有下列情形之一的，责令限期改正，给予警告；有关法律、行政法规规定处以罚款的，并处罚款：1. 未按照政府采购法和本办法的规定采用非招标采购方式的；2. 未按照政府采购法和本办法的规定确定成交供应商的；3. 未按照采购文件确定的事项签订政府采购合同，或者与成交供应商另行订立背离合同实质性内容的协议的；4. 未按规定将政府采购合同副本报本级财政部门备案的（非密合同目前采取电子版网上公开）。

第四节　竞争性磋商

一、业务要求

竞争性磋商采购方式，是指采购人、政府采购代理机构通过组建竞争性磋商小组（以下简称磋商小组）与符合条件的供应商就采购货物、工程和服务事宜进行磋商，供应商按照磋商文件的要求提交响应文件和报价，采购人从磋商小组评审后提出的候选供应商名单中确定成交供应商的采购方式。

符合下列情形的项目，可以采用竞争性磋商方式开展采购：（一）政府购买服务项目；（二）技术复杂或者性质特殊，不能确定详细规格或者具体要求的；（三）因艺术品采购、专利、专有技术或者服务的时间、数量事先不能确定等原因不能事先计算出价格总额的；（四）市场竞争不充分的科研项目，以及需要扶持的科技成果转化项目；（五）按照招标投标法及其实施条例必须进行招标的工程建设项目以外的工程建设项目。

此外，采购项目属于以下情形之一的，可以采用竞争性磋商方式开展采购：（一）依法制定的集中采购目录以内，且未达到公开招标数额标准的货物、服务；（二）依法制定的集中采购目录以外、采购限额标准以上，且未达到公开招标数额标准的货物、服务；（三）达到公开招标数额标准的货物、服务采购项目，拟采用竞争性磋商采购方式的，采购人应当在采购活动开始前，报经主管预算单位同意后，依法向财政部门申请批准。

二、业务规范

采用竞争性磋商方式采购货物、服务或工程时，需准备并完成以下各规定事项：

（一）计划阶段

1. 确定采购需求，详见第二章。

2. 明确政府采购预算和公开采购意向，详见第三章。

3. 编报备案政府采购计划，详见第五章。

4. 编制磋商文件，详见第六章。

5. 确定供应商产生方式及供应商名单，见本节“四、主要依据（一）”规定。

（二）采购阶段

1. 自行组织采购或委托代理机构采购及签订委托代理采购协议，详见第七章。
2. 依法审核确认计划阶段中各项准备工作满足后续采购活动。
3. 发布磋商公告（若需），详见第八章。
4. 同时向所有参加磋商的供应商发出磋商文件。
5. 组建磋商小组，组织磋商活动，并提交评审报告，详见第七章。
6. 公告采购结果，发出成交和未成交通知，详见第七章。

（三）履约阶段

1. 签订并公告采购合同，以及履约验收等，详见第八章。
2. 采购记录归档，详见第十章。

三、业务流程

竞争性磋商的采购流程如图 4-4 所示，主要包括公开采购需求、编制确定磋商文件、确定供应商名单或公告、发出磋商文件、组建磋商小组、磋商报价、评审、推荐成交供应商、公告成交结果、发出成交与否通知、签订政府采购合同、公告政府采购合同及履约验收与资金交付。

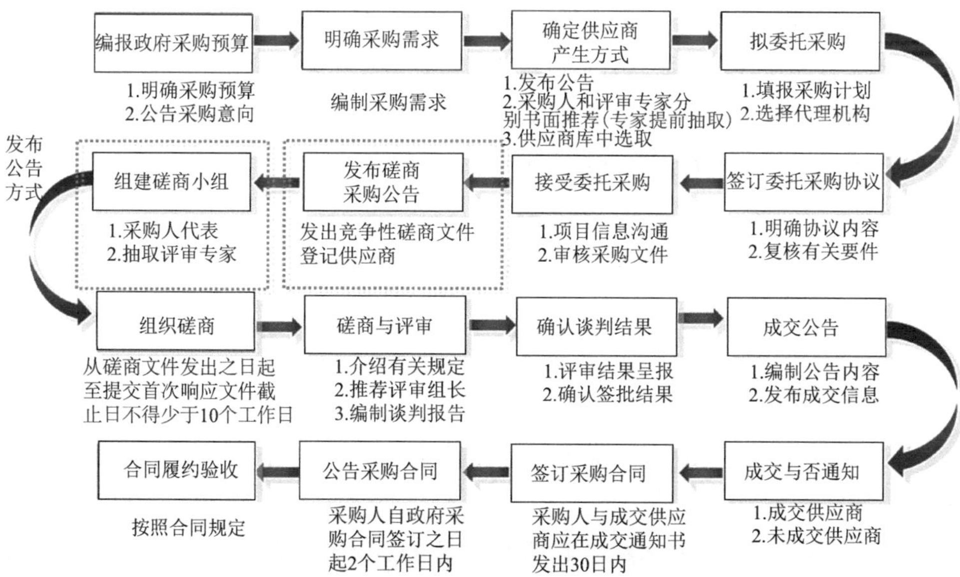

图 4-4　竞争性磋商采购流程示意图

四、主要依据

（一）财政部关于印发《政府采购竞争性磋商采购方式管理暂行办法》的通知（财库〔2014〕214 号）。

（二）《财政部关于政府采购竞争性磋商采购方式管理暂行办法有关问题的补充通知》（财库〔2015〕124 号）。

五、主要风险提示

（一）不符合竞争性磋商采购适用条件的项目，违规采用竞争性磋商采购方式。

（二）达到公开招标数额标准的采购项目，未经财政部批准采用竞争性磋商采购方式。

（三）采购人不得向成交供应商提出超出磋商文件以外的任何要求作为签订合同的条件，不得与成交供应商订立背离磋商文件确定的合同文本以及采购标的、规格型号、采购金额、采购数量、技术和服务要求等实质性内容的协议。

六、竞争性磋商和竞争性谈判的主要区别

（一）适用条件不同，详见各自业务要求。

（二）评审方法不同：竞争性谈判参照最低价法，即评审小组根据质量和服务均能满足采购文件实质性响应要求且最后报价最低的原则确定成交供应商。而竞争性磋商采取综合评分法，即评审小组不只以价格因素评定成交结果，而且更在于考虑商务条件和技术条件等非价格因素的评审细则。

第五节　单一来源采购

一、业务要求

单一来源采购，是指采购人从某一特定供应商处采购货物、工程和服务的采购方式。

采购人、采购代理机构采购以下货物、工程和服务之一的，可以采用单一来源采购方式采购：（一）依法制定的集中采购目录以内，且未达到公开招标数额标准的货物、服务；（二）依法制定的集中采购目录以外、采购限额标准以上，且未达到公开招标

数额标准的货物、服务；(三)达到公开招标数额标准、经批准采用单一来源方式采购的货物、服务；(四)按照招标投标法及其实施条例必须进行招标的工程建设项目以外的政府采购工程。

上述范围的项目，采用单一来源方式采购的，应当符合下列情形之一：(一)只能从唯一供应商处采购的；(二)发生了不可预见的紧急情况不能从其他供应商处采购的；(三)必须保证原有采购项目一致性或者服务配套的要求，需要继续从原供应商处添购，且添购资金总额不超过原合同采购金额百分之十的。

二、业务规范

采用单一来源采购方式采购货物、服务或工程时，需准备并完成以下各规定事项：

(一)计划阶段

1. 确定采购需求，详见第二章。

2. 明确政府采购预算和公开采购意向，详见第三章。

3. 采购方式审批及供应商确定：采购限额标准以上，但未达到公开招标数额标准的采购，应当经采购人内部审批，同时确定唯一供应商信息；达到公开招标数额标准，先将专家论证意见、采购项目信息和唯一供应商名称在省级以上人民政府财政部门指定的媒体上公示不少于 5 个工作日，详见第七章；期间无疑义后，再报经主管预算单位同意，获得批复函后通过“财政部政府采购计划管理系统”编报备案政府采购计划，同时依法向财政部申请批准，详见第五章。

4. 编制谈判文件，详见第六章。

(二)采购阶段

1. 自行组织采购或委托代理机构采购及签订委托代理采购协议，详见第七章。

2. 依法审核确认计划阶段中各项准备工作满足后续采购活动。

3. 向参加谈判的供应商发出谈判文件。

4. 组建谈判小组，组织谈判活动，并提交协商谈判报告，详见第七章。

5. 公告采购结果，发出成交通知，详见第七章。

(三)履约阶段

1. 签订并公告采购合同，以及履约验收与支付等，详见第八章。

2. 采购记录归档，详见第十章。

三、业务流程

单一来源采购流程如图 4-5 所示，主要包括公开采购意向、编制单一来源采购文件、发出谈判文件、采购人员与供应商协商、提交协商报告、公告成交结果并发出成交通知书、签订合同、合同公告及履约验收。

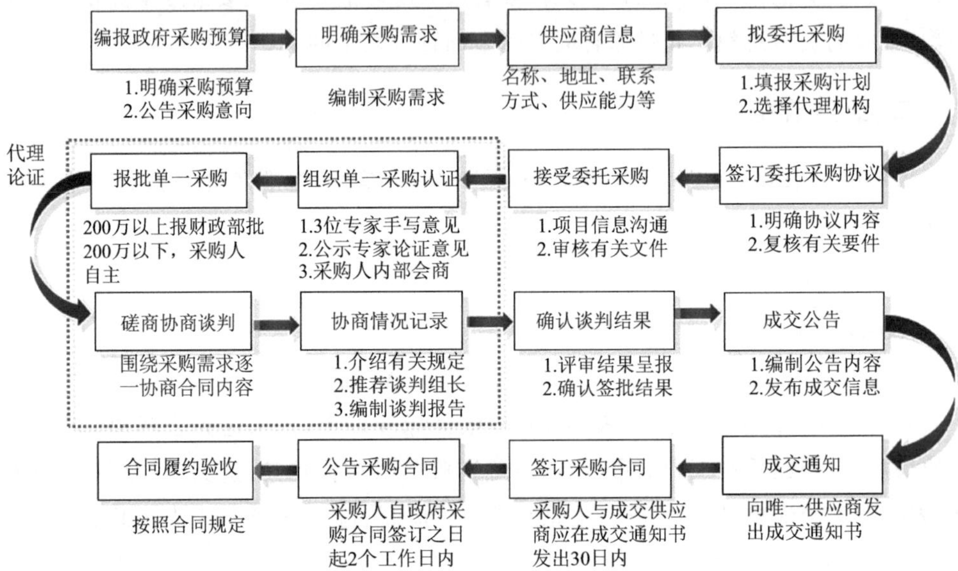

图 4-5　单一来源采购流程示意图

四、主要依据

（一）中国气象局计划财务司关于印发《气象部门政府采购审批审核事项实施细则》的通知（气计函〔2020〕198 号）。

（二）《政府采购非招标采购方式管理办法》（财政部令第 74 号）。

（三）《中华人民共和国政府采购法》。

五、主要风险提示

（一）不符合单一来源采购适用条件的项目，违规采用单一来源采购方式。

（二）达到公开招标数额标准的采购项目，未经财政部批准采用单一来源采购方式采购。

第六节　询　　价

一、业务要求

询价，是指询价小组向符合资格条件的供应商发出采购货物询价通知书，要求供应商一次报出不得更改的价格，采购人从询价小组提出的成交候选人中确定成交供应商的采购方式。

采购的货物规格、标准统一，现货货源充足且价格变化幅度小的政府采购项目，可以采用询价方式采购。

采购人、采购代理机构采购以下范围货物时，可以采用询价方式采购：(一)依法制定的集中采购目录以内，且未达到公开招标数额标准的货物；(二)依法制定的集中采购目录以外、采购限额标准以上，且未达到公开招标数额标准的货物；(三)达到公开招标数额标准、经批准采用非公开招标方式的货物；(四)按照招标投标法及其实施条例必须进行招标的工程建设项目以外的政府采购工程。

二、业务规范

采用询价方式采购货物或工程时，需准备并完成以下各规定事项：

(一)计划阶段

1. 确定采购需求，详见第二章。
2. 明确政府采购预算和公开采购意向，详见第三章。
3. 编报备案政府采购计划，详见第五章。
4. 编制询价文件，详见第六章。
5. 确定供应商产生方式及供应商名单，见本节“四、主要依据(一)”规定。

(二)采购阶段

1. 自行组织采购或委托代理机构采购及签订委托代理采购协议，详见第七章。
2. 依法审核确认计划阶段中各项准备工作满足后续采购活动。
3. 发布询价公告(若需)，详见第八章。
4. 同时向所有参加询价的供应商发出询价文件。
5. 组建询价小组，组织询价活动，并提交询价报告，详见第七章。
6. 公告采购结果，发出成交和未成交通知，详见第七章。

（三）履约阶段

1. 签订并公告采购合同，以及履约验收与支付等，详见第八章。

2. 采购记录归档，详见第十章。

三、业务流程

询价采购流程如图4-6所示，主要包括确定采购需求、明确政府采购预算、公开采购意向、编制备案政府采购计划、编制询价文件、确定供应商产生方式及供应商名单、自行组织采购或委托代理机构采购、签订委托代理采购协议、审核确认相应文件、发布询价公告或文件、接受询价响应文件、提交询价报告、公告采购结果、发出成交通知书及履约验收。

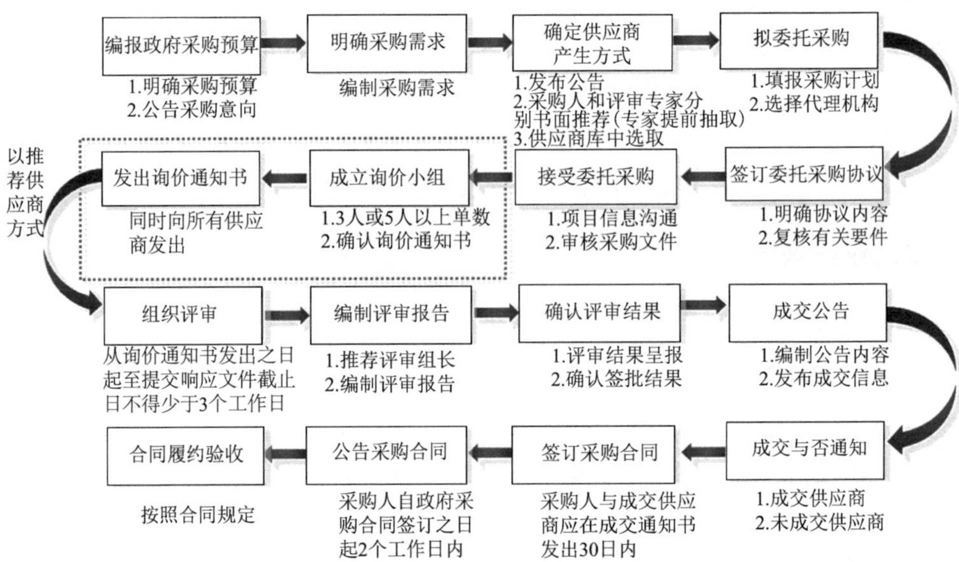

图4-6　询价采购流程示意图

四、主要依据

（一）《政府采购非招标采购方式管理办法》第十二条规定，采购人、采购代理机构应当通过发布公告、从省级以上财政部门建立的供应商库中随机抽取或者采购人和评审专家分别书面推荐的方式邀请不少于3家符合相应资格条件的供应商参与竞争性谈判或者询价采购活动。符合政府采购法第二十二条第一款规定条件的供应商可以在采购活动开始前加入供应商库。财政部门不得对供应商申请入库收取任何费用，不得利用供应商库进行地区和行业封锁。采取采购人和评审专家书面推荐方式选择供应商的，采购人和评审专家应当各自出具书面推荐意见。采购人推荐供应商的比例不得高于推荐供应商总数的50%。

（二）《中华人民共和国政府采购法》和《政府采购非招标采购方式管理办法》（财政部令第74号）。

五、主要风险提示

（一）不符合询价采购适用条件的项目，违规采用询价采购方式。

（二）达到公开招标数额标准的采购项目，未经财政部批准采用询价采购方式采购。

第七节　框架协议采购

一、业务要求

框架协议采购，是指集中采购机构或者主管预算单位对技术、服务等标准明确、统一，需要多次重复采购的货物和服务，通过公开征集程序，确定第一阶段入围供应商并订立框架协议，采购人或者服务对象按照框架协议约定规则，在入围供应商范围内确定第二阶段成交供应商并订立采购合同的采购方式。

符合下列情形之一的，可以采用框架协议采购方式采购：1. 集中采购目录以内品目，以及与之配套的必要耗材、配件等，属于小额零星采购的；2. 集中采购目录以外，采购限额标准以上，本部门、本系统行政管理所需的法律、评估、会计、审计等鉴证咨询服务，属于小额零星采购的；3. 集中采购目录以外，采购限额标准以上，为本部门、本系统以外的服务对象提供服务的政府购买服务项目，需要确定2家以上供应商由服务对象自主选择的；4. 国务院财政部门规定的其他情形。

上述范围的项目，采用框架协议采购方式采购的，应当遵守以下规定：

（一）集中采购目录以内品目以及与之配套的必要耗材、配件等，采用框架协议采购的，由集中采购机构负责征集程序和订立框架协议。

（二）集中采购目录以外品目采用框架协议采购的，由主管预算单位负责征集程序和订立框架协议。

（三）其他预算单位确有需要的，经其主管预算单位批准，可以采用框架协议采购方式采购。

框架协议采购包括封闭式框架协议采购和开放式框架协议采购。

封闭式框架协议采购是框架协议采购的主要形式。除法律、行政法规或者本办法另有规定外，框架协议采购应当采用封闭式框架协议采购。

二、业务规范

（一）开展需求调查。听取采购人、供应商和专家等意见。面向采购人和供应商开展需求调查时，应当选择具有代表性的调查对象，调查对象一般各不少于3个。

（二）确定框架协议采购需求。框架协议采购需求应当符合以下规定：1. 满足采购人和服务对象实际需要，符合市场供应状况和市场公允标准，在确保功能、性能和必要采购要求的情况下促进竞争；2. 符合预算标准、资产配置标准等有关规定，厉行节约，不得超标准采购；3. 按照《政府采购品目分类目录》，将采购标的细化到底级品目，并细分不同等次、规格或者标准的采购需求，合理设置采购包；4. 货物项目应当明确货物的技术和商务要求，包括功能、性能、材料、结构、外观、安全、包装、交货期限、交货的地域范围、售后服务等；5. 服务项目应当明确服务内容、服务标准、技术保障、服务人员组成、服务交付或者实施的地域范围，以及所涉及的货物的质量标准、服务工作量的计量方式等。

（三）发布征集公告。主管预算单位可以委托采购代理机构代理框架协议采购，采购代理机构应当在委托的范围内依法开展采购活动。

（四）组建评审委员会，组织入围供应商评审活动，并提交评审报告，详见第七章。

（五）公告入围供应商名单，发出入围通知书，详见第七章。

（六）签订框架协议。集中采购机构或者主管预算单位应当在入围通知书发出之日起30日内与入围供应商签订框架协议，并在框架协议签订后7个工作日内，将框架协议副本报本级财政部门备案。

（七）征集人应当在框架协议签订后3个工作日内通过电子化采购系统将入围信息告知适用框架协议的所有采购人或者服务对象。

（八）签订并公告采购合同，以及履约验收等，详见第八章。

（九）采购记录归档，详见第十章。

三、业务流程

框架协议采购流程如图4-7所示，依次为开展需求调查、确定框架协议采购需求、发布征集公告、组建评审委员会、公告入围供应商名单、发出入围通知书、签订框架协议、协商成交报价、签订并公告采购合同及履约验收。

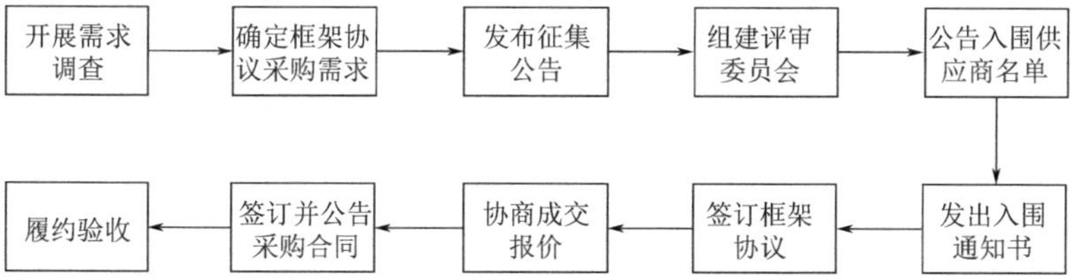

图 4-7 框架协议采购流程示意图

四、主要依据

《政府采购框架协议采购方式管理暂行办法》(财政部令第 110 号)。

五、主要风险提示

(一)主管预算单位能够归集需求形成单一项目进行采购,通过签订时间、地点、数量不确定的采购合同满足需求的,不得采用框架协议采购方式。

(二)框架协议采购需求在框架协议有效期内不得变动。

(三)货物项目框架协议有效期一般不超过 1 年,服务项目框架协议有效期一般不超过 2 年。

(四)框架协议不得对征集文件确定的事项以及入围供应商的响应文件作实质性修改。

第五章　政府采购计划编制

第一节　政府采购组织形式

一、业务要求

中央单位政府采购组织形式分为政府集中采购、部门集中采购和单位自行采购。政府集中采购，是指中央单位将属于政府集中采购目录中的政府采购项目委托集中采购机构代理的采购活动。部门集中采购，是指主管部门统一组织实施部门集中采购项目的采购活动。单位自行采购，也称分散采购，是指中央单位实施政府集中采购和部门集中采购范围以外、采购限额标准以上政府采购项目的采购活动。

采购人填报政府采购计划时，根据采购标的品目所属目录不同而选择不同的政府采购组织形式。

二、业务规范

（一）编制采购实施计划和填报政府采购计划时，拟采购属于政府集中采购目录中的品目时，则应当选择政府集中采购组织形式，采购项目应当委托集中采购机构代理采购，即政府集中采购。

（二）编制采购实施计划和填报政府采购计划时，拟采购属于部门集中采购目录中的品目时，则应当选择部门集中采购组织形式，采购项目应当委托部门集中采购代理机构采购，即中国气象局政府采购中心。

（三）气象部门采购人实施政府集中采购和部门集中采购范围以外、采购限额标准以上的政府采购项目时，编制采购实施计划和填报政府采购计划应当选择分散采购组织形式，采购人具备自行组织采购能力的，可自行采购，也可委托中介采购代理机构采购，包括委托中国气象局政府采购中心采购。

三、业务流程

政府采购组织形式如图 5-1 所示，具体分为集中采购机构采购、部门集中采购和单位自行采购。其中，政府集中采购由中央国家机关采购中心负责；部门集中采购由中国气象局政府采购中心负责；单位自行采购，也称分散采购，一般由采购人自行组织采购或委托采购。

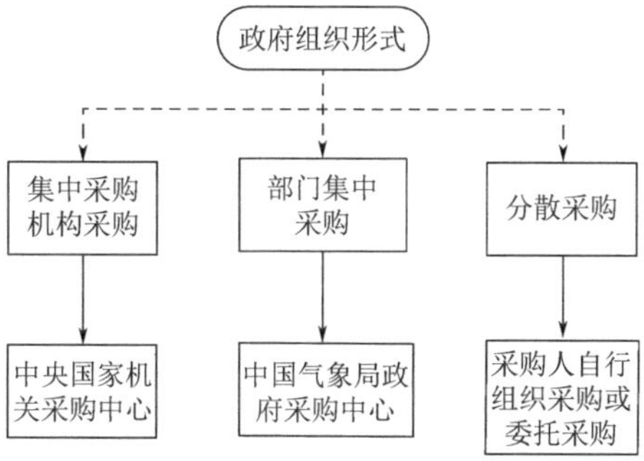

图 5-1　政府采购组织形式示意图

四、主要依据

（一）《中央单位政府采购管理实施办法》（财库〔2004〕104 号）。

（二）《中华人民共和国政府采购法实施条例》第三条规定，集中采购目录包括集中采购机构采购项目和部门集中采购项目。

五、主要风险提示

（一）未按照要求选择政府采购组织形式，则可能导致采购计划被退回。

（二）未按照集中采购目录对采购项目委托相应采购机构，则可能导致采购结果无效。

第二节　编制政府采购实施计划

一、业务要求

中央预算单位应当按照《政府采购需求管理办法》（财库〔2021〕22 号）规定，合理确定政府采购项目需求，编制政府采购实施计划，落实无预算不采购要求。

采购实施计划，是指采购人围绕实现采购需求，对合同的订立和管理所做的安排。

合同订立安排，包括采购项目预(概)算、最高限价，开展采购活动的时间安排，采购组织形式和委托代理安排，采购包划分与合同分包，供应商资格条件，采购方式、竞争范围和评审规则等。

合同管理安排，包括合同类型、定价方式、合同文本的主要条款、履约验收方案、风险管控措施等。

采购实施计划采购人可自行组织编制，也可委托采购代理机构或者其他第三方机构编制。

二、业务规范

(一)合同订立安排

1. 确定采购项目标的类别。按照政府采购品目分类，可以选择货物、服务或工程。

2. 开展采购活动时间安排。包括但不限于拟编制采购文件、发布采购公告、签署合同、履约验收等。

3. 选择采购组织形式。包括集中采购(政府集中采购和部门集中采购)、分散采购。

4. 委托代理安排。可以单位自行组织，也可委托集中采购机构组织或委托社会代理机构组织。

5. 落实政府采购政策有关内容。具体可分为表 5-1 所示的几种情况。

表 5-1　编制采购实施计划落实政府采购政策有关内容参考表

(1)《政府采购促进中小企业发展管理办法》有关政策 □面向中小企业预留份额情况： 　　□采购项目整体预留 100 % 　　□设置专门采购包____% 　　□要求以联合体形式参加 ____% 　　□要求合同分包 ____% ☑本项目不预留面向中小企业份额 不预留情况说明：本项目算法复杂且专业性较强，不适宜由中小企业提供，且能承担本项目的中小企业不足 3 家。 标的所属行业：属于工业行业

续表

(2)《关于政府采购支持监狱企业发展有关问题的通知》《关于促进残疾人就业政府采购政策的通知》有关政策 预留情况说明:(监狱企业、进残疾人福利性单位视同小型、微型企业,可以参加本项目采购活动)
(3)《关于印发环境标志产品政府采购品目清单的通知》《关于印发节能产品政府采购品目清单的通知》等有关政策 具体情况:本项目采购标的不涉及环境标志产品、政府采购节能产品的采购
(4)其他需落实的政府采购政策 具体情况:采购项目涉及的政府采购法律法规需要落实政策为价格评审优惠(适用于非专门面向中小企业采购项目)

6. 选择采购方式及适用理由。具体可分为表5-2所示的几种情况。

表5-2 编制采购实施计划选择采购方式及理由参考表

☑公开招标 □邀请招标 □竞争性谈判 □竞争性磋商 □询价 □单一来源 □其他 适用理由:________________________________ ________________ 采购方式是否需要财政部门批准: ☑不需要 □需要,报批安排

7. 确定供应商资格条件。除符合《采购法》第二十二条规定的条件外,也可以根据采购项目需求特点提出其他资格要求。

8. 确定竞争范围。即确定采购项目的供应商是公开方式邀请,还是有限范围内竞争,或是只能从唯一供应商处采购。

9. 明确评审规则。评审方法选择如表5-3所示,具体参见第六章。

表5-3 编制采购实施计划确定评审规则参考表

□最低价中标(成交) ☑综合评分法(附《综合评分明细表》) 适用理由:公开招标:依据《政府采购货物和服务招标投标管理办法》(财政部令第87号)第五十三条、五十四条和五十五条等规定,评标方法分为最低评标价法和综合评分法;技术、服务等标准统一的货物服务项目,应当采用最低评标价法;其他情形的使用综合评分法

(二)合同管理安排

合同管理安排,具体内容和格式可参照表5-4编制。

表5-4 编制采购实施计划确定合同管理安排表

合同类型	<u>买卖</u>合同 适用理由:本项目属于货物类采购,适用于买卖合同类型 编制说明:合同类型按照民法典规定的典型合同类别,结合采购标的的实际情况确定。可填写买卖、租赁、建设工程、运输、技术、仓储、委托、物业服务等合同

续表

<table>
<tr><td>定价方式</td><td colspan="2">☑固定总价 □固定单价 □成本补偿 □绩效激励
适用理由：____________________</td></tr>
<tr><td>合同分包</td><td colspan="2">☑不分包
□分包。分包要求：允许中标(成交)供应商将本项目的非主体、非关键性工作进行分包</td></tr>
<tr><td>合同文本主要条款</td><td colspan="2">合同主要条款：(按照法务部审定的合同主要条款填写)
见附件
法律顾问是否审定：☑是 □否(若选是，需提供法律意见书)</td></tr>
<tr><td rowspan="7">履约验收方案</td><td>履约验收的主体</td><td>各级采购预算单位</td></tr>
<tr><td>邀请验收对象</td><td>□采购代理机构 □服务对象
□参加本项目的其他供应商☑专家
□第三方专业机构 □其他____________</td></tr>
<tr><td>时间</td><td>项目完工后 10 工作日内组织验收</td></tr>
<tr><td>方式</td><td>☑单位内部验收 □专家评审会
□其他____________</td></tr>
<tr><td>程序</td><td>□一次性验收 ☑分段验收 □分期验收
□其他________
说明：以雷达为例，按照中国气象局有关雷达验收要求，验收程序主要包括出厂验收、现场验收、业务验收 3 个阶段</td></tr>
<tr><td>验收内容及标准</td><td>以雷达为例，需符合《新一代天气雷达系统出厂/现场测试大纲》(气测函〔2018〕70 号)或《S、C 波段双线偏振多普勒天气雷达测试大纲(技术升级)》(气测函〔2022〕55 号)要求</td></tr>
<tr><td>其他事项</td><td>无</td></tr>
<tr><td rowspan="5">风险管控</td><td colspan="2">是否需要组织风险判断，提出处置措施和替代方案：
☑是 □否
编制说明：若选是，需填写以下内容；若选否，可删除以下内容
对于《政府采购需求管理办法》第十一条规定的采购项目，要研究采购过程和合同履行过程中，判断风险发生的环节、可能性、影响程度和管控责任，提出有针对性的处置措施和替代方案</td></tr>
<tr><td>国家政策变化应对措施</td><td>按照政策变化的内容调整合同的工作内容以及合同价款。对此造成的风险由双方共同承担</td></tr>
<tr><td>实施环境变化应对措施</td><td></td></tr>
<tr><td>重大技术变化应对措施</td><td></td></tr>
<tr><td>预算项目调整应对措施</td><td>预算已批复，预算金额不再上浮或下调，如因预算取消的，则按不可抗力原因解除合同</td></tr>
</table>

续表

风险管控	因质疑投诉影响采购进度应对措施	如质疑投诉不影响合同签订的，则要求中标人组织赶工、加快订货等进度计划措施，避免影响合同工期。如质疑投诉影响合同签订或者财政部门责令重新采购的，则重新采购尽量缩短合同工期，并在采购需求中要求中标人须组织赶工措施
	采购失败应对措施	按照相关法律法规执行
	不按规定签订合同应对措施	依据《采购法实施条例》第四十九条规定，中标或者成交供应商拒绝与采购人签订合同的，采购人可以按照评审报告推荐的中标或者成交候选人名单排序，确定下一候选人为中标或者成交供应商，也可以重新开展政府采购活动
	不按规定履行合同应对措施	依据《采购法》第四十三条规定，政府采购合同适用《合同法》，采购人、采购代理机构出现不按规定履行合同情形的，按照《合同法》的相关规定和政府采购活动的约定处理
	出现损害国家利益和社会公共利益情形应对措施	按照相关法律法规执行
	其他情况应对措施	无
其他需要说明事项	无	

注:《合同法》已纳入《民法典》，具体以《民法典》为准。

三、业务流程

政府采购实施计划编制流程如图 5-2 所示，依次为确定采购项目需求、安排采购活动时间、选择采购组织形式、委托代理安排、确定供应商资格条件、确定竞争范围、确定评审规则、判断采购项目实施风险、确定采购合同类型及确定采购项目合同文本。

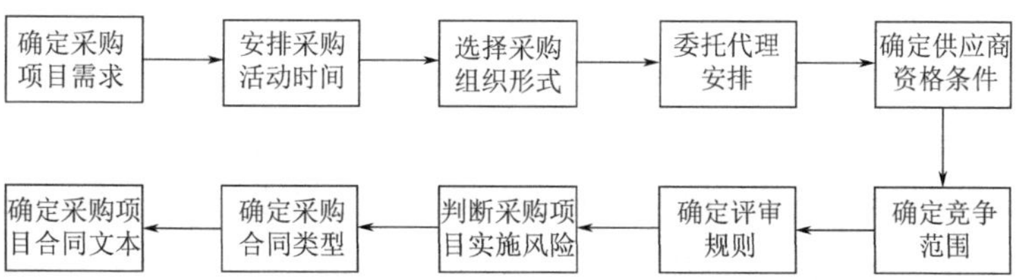

图 5-2　政府采购实施计划编制流程示意图

四、主要依据

(一)《中华人民共和国采购法实施条例》第二十九条规定，采购人应当根据集中采购目录、采购限额标准和已批复的部门预算编制政府采购实施计划，报本级人民政府财政部门备案。

（二）《政府采购需求管理办法》第五条规定，采购人对采购需求管理负有主体责任，按照本办法的规定开展采购需求管理各项工作，对采购需求和采购实施计划的合法性、合规性、合理性负责。

五、法律责任及主要风险提示

《中华人民共和国采购法实施条例》第六十七条第一款规定，采购人未按照规定编制政府采购实施计划或者未按照规定将政府采购实施计划报本级人民政府财政部门备案，由财政部门责令限期改正，给予警告，对直接负责的主管人员和其他直接责任人员依法给予处分，并予以通报。

第三节　采购需求和采购实施计划审查

一、业务要求

采购人在采购活动开始前，针对采购需求管理中的重点风险事项，以及内控要求，按照《政府采购需求管理办法》规定，对采购需求和采购实施计划进行审查，审查分为一般性审查和重点审查。对于审查不通过的，应当修改采购需求和采购实施计划的内容并重新进行审查。

一般性审查和重点审查的具体采购项目范围，由采购人根据实际情况确定。主管预算单位可以根据本部门实际情况，确定由主管预算单位统一组织重点审查的项目类别或者金额范围。

应当开展重点审查的采购项目范围包括：（一）1000 万元以上的货物、服务采购项目，3000 万元以上的工程采购项目；（二）涉及公共利益、社会关注度较高的采购项目，包括政府向社会公众提供的公共服务项目等；（三）技术复杂、专业性较强的项目，包括需定制开发的信息化建设项目、采购进口产品的项目等；（四）主管预算单位或者采购人认为需要开展需求调查的其他采购项目。

一般性审查主要审查是否按照《政府采购需求管理办法》规定的程序和内容确定采购需求、编制采购实施计划。审查内容包括：（一）采购需求是否符合预算、资产、财务等管理制度规定；（二）对采购方式、评审规则、合同类型、定价方式的选择是否说明适用理由；（三）属于按规定需要报相关监管部门批准、核准的事项，是否作出相关安排；（四）采购实施计划是否完整。

重点审查是在一般性审查的基础上，进行非歧视性、竞争性、采购政策、履约风险及其他必要的审查。具体包括：(一)非歧视性审查。主要审查是否指向特定供应商或者特定产品，包括资格条件设置是否合理，要求供应商提供超过2个同类业务合同的，是否具有合理性；技术要求是否指向特定的专利、商标、品牌、技术路线等；评审因素设置是否具有倾向性，将有关履约能力作为评审因素是否适当。(二)竞争性审查。主要审查是否确保充分竞争，包括应当以公开方式邀请供应商的，是否依法采用公开竞争方式；采用单一来源采购方式的，是否符合法定情形；采购需求的内容是否完整、明确，是否考虑后续采购竞争性；评审方法、评审因素、价格权重等评审规则是否适当。(三)采购政策审查。主要审查进口产品的采购是否必要，是否落实支持创新、绿色发展、中小企业发展等政府采购政策要求。(四)履约风险审查。主要审查合同文本是否按规定由法律顾问审定，合同文本运用是否适当，是否围绕采购需求和合同履行设置权利义务，是否明确知识产权等方面的要求，履约验收方案是否完整、标准是否明确、风险处置措施和替代方案是否可行。(五)采购人或者主管预算单位认为应当审查的其他内容。

采购人可以自行组织确定采购需求和编制采购实施计划，也可以委托采购代理机构或者其他第三方机构开展。

二、业务规范

(一)采购人建立审查工作机制。审查工作机制成员应当包括本部门、本单位的采购、财务、业务、监督等内部机构。采购人可以根据本单位实际情况，建立相关专家和第三方机构参与审查的工作机制。

(二)参与确定采购需求和编制采购实施计划的专家和第三方机构不得参与审查。

(三)按照业务要求开展审查。

(四)采购需求和采购实施计划审查意见书参考格式范本。

中国气象局政府采购项目

采购需求和采购实施计划

审查意见书

项目名称：×××××××

审查单位：×××××××

审查时间：202×.××.××

一、审查项目情况

根据《政府采购需求管理办法》及单位内控要求，需对拟采购项目的采购需求和采购实施计划进行审查。

（一）审查项目名称：

（二）审查对象：采购需求和采购实施计划

（三）审查时间：

（四）审查地点：北区 7 号楼三层会议室

二、审查意见

（一）一般性审查

一般性审查主要审查是否按照《政府采购需求管理办法》规定的程序和内容确定采购需求、编制采购实施计划，如表 1 所示。

表 1　一般性审查内容

审查内容	审查结果
如需开展需求调查的，是否按规定开展需求调查	是
采购需求是否符合预算、资产、财务等管理制度规定	是
对采购方式、评审规则、合同类型、定价方式的选择是否说明适用理由	是
属于按规定需要报相关监管部门批准、核准的事项，是否作出相关安排	是
采购实施计划是否完整	是
审查结论	☑通过 ☐不通过

（二）重点审查

重点审查内容应在一般性审查通过的基础上进行，如表 2 所示。

表 2　重点审查内容

审查内容		审查结果
1. 非歧视性审查（主要审查是否指向特定供应商或者特定产品）	资格条件设置是否合理	是
	要求供应商提供超过 2 个同类业务合同的，是否具有合理性	不适用
	技术要求是否指向特定的专利、商标、品牌、技术路线等	否
	评审因素设置是否具有倾向性	否
	将有关履约能力作为评审因素是否适当	是
2. 竞争性审查（主要审查是否确保充分竞争）	应当以公开方式邀请供应商的，是否依法采用公开竞争方式	是
	采用单一来源采购方式的，是否符合法定情形	不适用
	采购需求的内容是否完整、明确	是
	采购需求的内容是否考虑后续采购竞争性	是
	评审方法、评审因素、价格权重等评审规则是否适当	是

续表

<table>
<tr><td colspan="2">审查内容</td><td>审查结果</td></tr>
<tr><td rowspan="6">3. 采购政策审查</td><td>进口产品的采购是否必要</td><td>无进口</td></tr>
<tr><td>是否落实中小企业发展政府采购政策要求</td><td>是</td></tr>
<tr><td>是否落实支持监狱发展政府采购政策要求</td><td>是</td></tr>
<tr><td>是否落实促进残疾人就业政府采购政策要求</td><td>是</td></tr>
<tr><td>是否落实绿色发展、节能环保政府采购政策要求</td><td>是</td></tr>
<tr><td>是否落实支持创新政府采购政策要求</td><td>不适用</td></tr>
<tr><td rowspan="6">4. 履约风险审查</td><td>合同文本是否按照规定由法律顾问审定</td><td>是</td></tr>
<tr><td>合同文本运用是否适当</td><td>是</td></tr>
<tr><td>是否围绕采购需求和合同履行设置权利义务</td><td>是</td></tr>
<tr><td>是否明确知识产权等方面的要求</td><td>是</td></tr>
<tr><td>履约验收方案是否完整、标准是否明确</td><td>是</td></tr>
<tr><td>风险处置措施和替代方案是否可行</td><td>是</td></tr>
<tr><td>5. 采购人或者主管预算单位认为应当审查的其他内容</td><td>无</td><td></td></tr>
<tr><td colspan="2">审查结论</td><td>☑通过
□不通过</td></tr>
<tr><td colspan="3">审查意见：
经审查，采购需求、采购实施计划符合相关规定，审查通过。</td></tr>
</table>

三、审查人员

参加审查人员按表 3 填写。

表 3 参加审查人员信息表

序号	姓名	单位	职务/职称	联系方式	签字
1					
2					
3					
4					
5					

三、业务流程

采购需求和采购实施计划的审查流程如图 5-3 所示，主要包括采购人建立审查机制、确定审查事项及内容、确定审查人员名单、组织审查活动、签署审查意见及审查通过后编制采购文件。

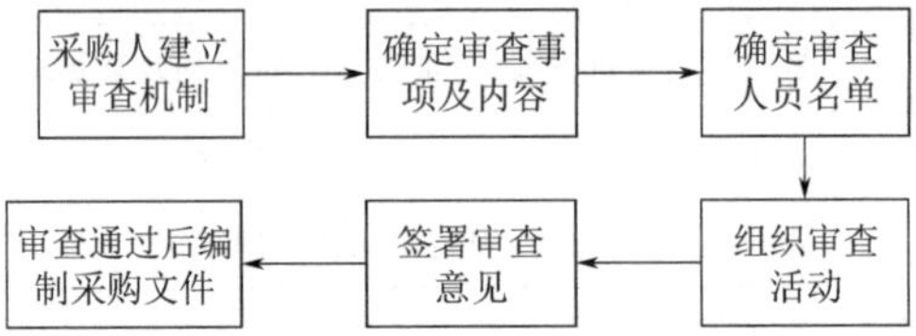

图 5-3　采购需求和采购实施计划审查流程示意图

四、主要依据

《政府采购需求管理办法》(财库〔2021〕22 号)。

五、主要风险提示

(一)未按照规定审查采购需求。

(二)未按照规定审查采购实施计划。

(三)未按照规定审查采购合同文本。

(四)未按照规定开展审查采购需求和采购实施计划。

第四节　申报政府采购计划

一、业务要求

政府采购计划是政府采购需求管理的重要内容，是政府采购预算执行的具体安排，包括采购项目的名称、采购品目、采购标的、采购预算、采购数量(规模)、组织形式、采购方式、落实政府采购政策有关内容等。

政府采购政策主要包括：是否采购节能环保产品、是否进口、是否面向中小企业采购(含监狱企业、残疾人福利性单位)等。

中央预算单位通过中央预算管理一体化系统进行采购计划的编报、备案。

二、业务规范

（一）核实采购项目预算足额、采购类别准确。

（二）如存在政府采购预算编制不足或类别有误的情况，首先需要履行政府采购预算调剂程序，参见第三章第四节。

（三）如存在政府采购预算已足额编制，但预算批复信息尚未导入系统，而又有推进采购活动进度要求的情况，可通过预算一体化政府采购模块自行录入临时预算，但需在正式预算导入后进行预算的替换操作。

（四）对于使用了概算剩余的项目，要注意在以后年度预算编制过程中增加相应的政府采购预算，特别是低于采购限额标准的概算剩余，不要在预算编制过程中遗漏，且待以后年度预算做出安排后，要在系统内及时进行核销操作。

（五）彩购计划通过中央预算管理一体化系统“政府采购”模块中的“采购计划管理”子模块进行编报，经单位经办岗送审、单位审核岗审核后完成备案。

三、业务流程

1. 单位经办岗登录中央预算管理一体化系统，并进入“政府采购”模块中的“采购计划管理”子模块后，点击“功能菜单”，选择菜单中的“采购计划管理”功能，点击“新增正式计划”按钮，具体包括四类计划录入方式：项目采购计划、批量集采计划、电子卖场计划、进口产品论证采购计划。完成所有信息录入后，保存提交送审至单位审核岗。送审后，待审核的采购计划由“待处理”页签转移至“已处理”页签。

2. 切换至单位审核岗，选择菜单中的“采购计划审核（单位审核）”功能，在“待处理”页签可见待审核的采购计划。审核通过后，采购计划完成备案，由“待处理”页签转移至“已办结”页签。若有进口产品论证采购计划，则需上报部门级（计财司）审核后，上报财政部。具体流程如图 5-4 所示。

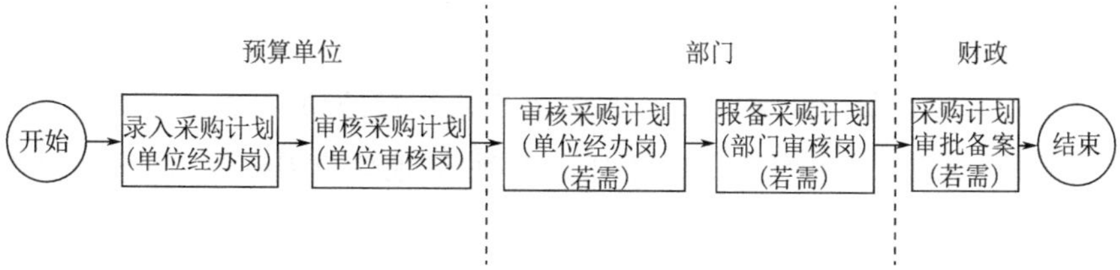

图 5-4　政府采购计划编报备案流程示意图

四、主要依据

（一）《气象部门政府采购管理实施办法》（气发〔2018〕19号）。

（二）《财政部关于中央预算单位2023年政府采购计划和信息统计编报工作的通知》（财库〔2022〕39号）。

五、主要风险提示

受系统勾稽关系限制，未备案政府采购计划的项目，无法进行采购委托，代理机构无法发布采购公告，采购活动无法进行。

第五节　采购项目委托

一、业务要求

采购人采购纳入政府集中采购目录的项目，必须委托集中采购机构代理采购；对于纳入部门集中采购目录的项目，必须委托部门集中采购机构代理采购；对于未纳入政府集中采购目录和部门集中采购目录但达到采购限额标准的项目，受专业性的限制，通常委托采购代理机构开展采购活动。

采购预算100万元及以上的项目，采购人应确认是否已公开采购意向，采购计划是否已备案。

中央预算单位在完成采购计划备案的基础上，通过中央预算管理一体化系统“政府采购”模块中的“采购计划管理”子模块中的“采购计划委托”功能，进行代理机构的选择，并向选中的代理机构发送采购项目信息，同时，依法与选定的代理机构签订委托代理协议，约定双方的权利义务。受托代理机构按照协议规定事项办理相关采购事宜。

气象部门多家预算单位采购统一布局或相同品目的项目时，多家单位可确认一家为牵头单位，由牵头单位统一办理委托等事项，其他单位需提供同意牵头单位委托的书面文件。

二、业务规范

（一）确定拟委托的项目名称。

（二）确认已公开采购意向，详见第三章第五节。

（三）完成政府采购计划填报备案。

（四）单位经办岗登录中央预算管理一体化系统，并进入“政府采购”模块中的“采购计划管理”子模块后，点击“功能菜单”，选择菜单中的“采购计划委托”功能，点击“新增委托项目”按钮，添加已发布的采购意向和已备案的采购计划，进行代理机构的选择。

（五）签订委托代理采购协议，协议内容主要包括：委托人和受托人名称、项目名称、采购预算、采购需求及其具体指标要求、协议有效期、委托范围、委托人责任和义务、受托人责任和义务、双方的共同责任，以及其他说明事项等。

三、业务流程

政府采购项目的委托流程如图 5-5 所示，依次包括确定采购项目名称、确定公开采购意向、确定采购计划备案、选择代理机构、确定委托代理机构和签订代理协议。

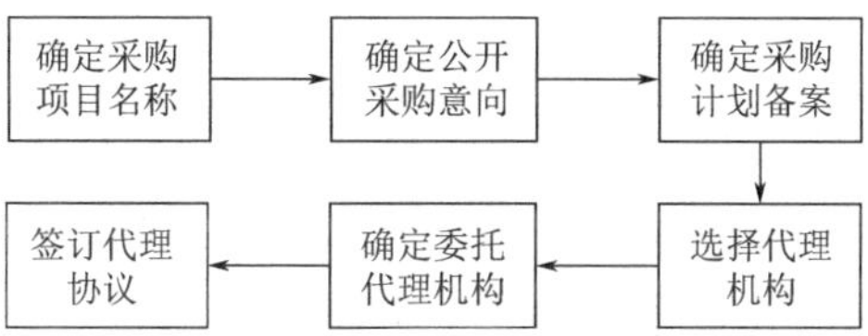

图 5-5　政府采购项目委托流程示意图

四、主要依据

（一）《财政部关于中央预算单位 2023 年政府采购计划和信息统计编报工作的通知》（财库〔2022〕39 号）。

（二）《中国气象局政府采购中心受托采购事项实施办法》（气计函〔2014〕134 号）。

五、主要风险提示

（一）通过中国政府采购网（www. ccgp. gov. cn）“政府采购代理机构名单”模块查询采购代理机构信息，同时可通过关注“代理机构不良行为记录名单”模块，对采购代理机构的服务质量作出预判，避免采购风险。

（二）受系统勾稽关系限制，未进行采购委托的项目，代理机构无法发布采购公告，采购活动无法进行。

第六章　采购文件编制

因采购人或采购代理机构不同,因此采购文件编制格式及内容也有所不同,下面主要阐述气象部门政府集中采购文件的规范编制。

第一节　公开招标文件编制

一、基本要求

招标文件是政府采购法律法规在采购过程中具体功能的体现,同时是采购人实现采购需求的法定载体,是采购人、采购代理机构向供应商提供的进行投标工作所必需的文件。公开招标文件分为通用册和专用册,一共十章,可以概括为五部分内容:一是投标人须知,包括适用范围、有关定义、落实的政策法规、编写投标文件规定等;二是投标邀请,包括招标人、采购项目名称及编号、招标内容、招标文件获取和提交投标文件规定等;三是采购需求;四是评标方法和评标标准;五是合同主要条款或合同文本。

采购人选择公开招标方式开展政府采购活动前需要编制公开招标采购文件。采购人可自行编制,也可以委托采购代理机构或其他第三方编制。

二、编制规范

(一)投标人须知编制。该部分是政府采购当事人及相关人员在政府采购活动中应遵循的程序规则,分为通用部分和专用部分。

通用部分包括十项内容。一是总则,其中规定了适用范围、定义、合格投标人的条件、进口产品规定、中小企业及节能环保、串通投标、采购预算、投标费用、通知等;二是招标文件,其中规定了招标文件的组成、投标前招标文件的澄清和修改;三是投标文件,其中规定了投标文件的语言和计量单位、投标文件的组成及要求、投标文件要求、投标保证金、投标报价、分包或转包、投标内容填写说明、投标有效期、投标文件的签署及其他规定；四是投标文件的递交，其中规定了投标文件的密封及标记、投标截止时间、投标文件的补充、修改和撤回；五是开标规定；六是评审步骤和要求，其中规定了组建评审委员会、初审、投标的澄清、对投标文件的详细评审、确定中标人、评审过程要求、关于重新评审及投标人瑕疵滞后发现的处理规则、采购项目废标；七是签订合同，其中规定了中标通知、合同、履约保证金；八是询问、质疑、投诉的规定；九是保密和披露的规定；十是供应商诚信评价的规定。

专用部分是投标人须知通用部分有关条款的进一步细化，以及结合采购项目需求特点设置的实质性要求，投标文件对此要求若有缺失或无实质性响应，将导致其投标被拒绝且不允许在开标后补正。与此同时，这也是对采购当事人的强调和提醒。

（二）投标邀请编制。该项作为招标公告的主要内容，是招标文件的组成部分，采用简明概括的表述形式邀请不特定的潜在合格投标人参与投标。其中包括招标采购人名称、采购项目名称及编号、招标内容、招标文件获取、接受投标时间与投标截止时间及开标时间、投标地点及开标地点、信息发布媒体，以及联系方式等规定。

（三）采购需求编制。采购需求应当符合法律法规、政府采购政策和国家有关规定，符合国家强制性标准，遵循预算、资产和财务等相关管理制度规定，采购标的及要求实现的功能和目标明确，符合采购项目特点和实际需要。表述规范、完整、含义准确，清楚明了。技术要求和商务要求应当客观，量化指标应当明确相应等次，有连续区间的按照区间划分等次。编制采购需求不得存在歧视性、排他性或倾向性。具体参见第二章第二节。

（四）评标方法和评标标准。政府采购招标评标方法分为最低评标价法和综合评分法。

最低评标价法，是指投标文件满足招标文件全部实质性要求且投标报价最低的供应商为中标候选人的评标方法。技术、服务等标准统一的货物和服务项目，应当采用最低评标价法。

综合评分法，是指投标文件满足招标文件全部实质性要求且按照评审因素的量化指标评审得分最高的供应商为中标候选人的评标方法。采用综合评分法的，评审标准中的分值设置应当与评审因素的量化指标相对应。

招标文件中没有规定的评标标准不得作为评审的依据。

采购项目货物类和服务类采用综合评分法的评审标准及分值设置具体案例参考表 6-1、表 6-2。

表 6-1　货物类评分标准表

评审因素		分值	评审标准	说明
报价分	客观分	30	采用低价优先法计算，公式：投标人得分＝评标基准价/评标价×30 ①评标基准价：满足招标文件要求，且经过价格扣除后的最低投标价 ②评标价：经过价格扣除的投标价 ③按上述公式计算出每个投标单位的投标报价得分，保留小数点后2位，小数点后第三位四舍五入 ④经评审委员会确认，报价明显低于其他通过符合性审查投标人的报价，有可能影响产品质量或者不能诚信履约的，且投标人提供的书面说明材料不能证明其报价合理性的，评标委员会应当将其作为无效投标处理	
商务部分	投标文件完整性（客观分）	2	①提供有效的应答索引表和评分项目相关内容索引表得0.5分，未提供不得分 ②提供投标文件word版和PDF版，得0.5分，否则不得分 ③具有有效的目录索引，页码连续无错乱，双面打印，标题、编号、正文、表格、签字盖章等排版规范，电子版介质盘面，证书复印清晰得1分，每出现一个错误扣0.2分，扣完为止	
	生产厂家、投标人、投标产品非强制资质要求（客观分）	8	①投标人具有有效期内的质量管理体系认证、职业健康安全管理体系认证、环境管理体系认证、信息安全管理体系认证、信息技术服务管理体系认证，每提供一个证书复印件得1分，最多得5分 ②2016年1月1日以来，投标人具有国家级地面综合气象观测业务科学技术奖项证书得3分，其他相关奖项得1分，不提供得0分	资质须提供证书复印件
	投标人业绩（客观分）	5	提供近3年(2018年1月1日至今，以合同签订时间为准)承接的、含有与本项目同类产品的合同复印件，其中必须包括合同首页、合同金额所在页、签字盖章页及合同标的页。每提供1份合同得1分，最多得5分	
服务部分	技术支持	4	①免费提供7×24小时技术支持得1分，否则不得分 ②提供免费(指技术服务本身免费)热线服务电话、网站论坛、电话、传真、电子邮件地址、软硬件工程师的具体姓名及联系方式、保障服务设备收发联系部门及人员的名称和联系方式得2分，否则不得分 ③提供质保期内上门巡检的时间及内容，技术支持方案实施可行、合理得1分，否则不得分	须提供售后服务方案
	售后服务	9	①有详细可行的售后服务计划，涵盖售后服务企业承诺的期限、组织机构、人员名单(姓名及联系方式)、备件储备清单，完全满足得2分，每缺1项扣0.5分，扣完为止 ②保修期、服务响应时间情况，承诺接到故障报告后到达故障现场时间不超过48小时，提供质保期内切实可行的修复方案的得1分，无上述承诺得0分	须提供培训方案

续表

评审因素		分值	评审标准	说明
服务部分	售后服务	9	③投标人具有商品售后服务认证证书（五星级）的得 3 分，其他星级得 1 分，不提供得 0 分 ④投标人售后服务人员具有有效期内的商品售后服务管理师资格证书（须提供证书复印件及近 6 个月在投标单位缴纳的社保证明，公司成立不足 6 个月的按实际情况提供）得 3 分，不满足得 0 分	须提供培训方案
	投标人项目团队	3	投标人具有专业的项目管理及维护团队，项目管理人员经验丰富，团队成员中至少 3 人具有项目管理 PMP 资格证书，团队专业性强，经验丰富，完全符合要求得 3 分；基本符合要求得 1 分，不符合得 0 分（须提供证书复印件及近 6 个月在投标单位缴纳的社保证明，公司成立不足 6 个月的按实际情况提供）	
	培训计划	4	①提供明确合理的培训计划，涵盖培训大纲、课表（含授课人员）和培训手册的样本，包含封面、目录、主要内容，完全满足得 3 分，基本满足得 1 分，不满足或未提供得 0 分 ②承诺免费培训，并提供完整的培训资料，其中包括使用说明、工作原理、技术图纸、注意事项、安装调试方法和维修指南等，满足要求得 1 分，不满足要求得 0 分	
	产品质量保证能力	8	①投标人具有生产测试及环境测试条件，需提供相应证明材料，提供得 1 分，不提供得 0 分 ②提供产品质量管理方案，包括质量管理制度、产品质量检测方法及标准等，方案详细可行得 4 分，方案一般得 2 分，未提供得 0 分 ③投标人具有中华人民共和国版权局颁发的区域智能气象站统一版中心站软件著作权登记证书，提供证书复印件，得 3 分；提供其他同类软件著作权证书复印件得 1 分，不提供得 0 分	
技术部分	投标产品技术性能（客观分）	17	①提供产品综述方案，包括产品功能、布局组网、技术升级等，方案详细、具有针对性得 3 分，一般得 1 分，不提供得 0 分 ②投标文件第八章采购需求中标注“△”的为关键指标，每有一项优于关键指标并提供第三方测试证书（报告）得 2 分，最多得 14 分，不提供得 0 分	
	技术保障能力	6	①投标人具备重大气象服务保障能力，取得部级或以上重大气象服务先进集体并提供证明材料的得 3 分，其他级别证明材料得 1 分，不提供得 0 分 ②投标人能够提供连续 5 年或以上中国电子信息行业地面气象观测仪器满意评价证书得 3 分；提供少于 5 年的得 1 分，不提供得 0 分	

续表

评审因素		分值	评审标准	说明
技术部分	环境适应性	4	①投标产品能适应高、低温及高湿条件下连续观测，并能够提供第三方测试证书（报告）证明的得 2 分，否则得 0 分 ②投标产品具有良好的电磁兼容性，并能够提供第三方测试证书（报告）证明的得 2 分，否则得 0 分	
	评分合计	100		

表 6-2　服务类评分标准表

评审因素		分值	评审标准	说明
报价分	客观分	10	采用低价优先法计算，公式：投标人得分＝评标基准价/评标价×10 ①评标基准价：满足招标文件要求，且经过价格扣除后的最低投标价 ②评标价：经过价格扣除的投标价 ③按上述公式计算出每个投标单位的投标报价得分，保留小数点后 2 位，小数点后第三位四舍五入 ④经评审委员会确认，报价明显低于其他通过符合性审查投标人的报价，有可能影响产品质量或者不能诚信履约的，且投标人提供的书面说明材料不能证明其报价合理性的，评标委员会应当将其作为无效投标处理	
商务部分	投标完整性（客观分）	2	①提供有效的应答索引表和评分项目相关内容索引表，目录索引与页码对应无错乱，图文形式规范、内容完整（包括技术和商务所有部分）得 0.5 分 ②提供投标文件 word 版和 PDF 版得 0.5 分 ③投标文件每一页都有页码，标题、编号、正文、表格、签字盖章等排版规范，证书复印清晰，完全满足得 1 分，不满足得 0 分	
	生产厂家、投标人、投标产品非强制资质要求（客观分）	5	①提供 ISO9001 质量管理体系认证或同等质量管理体系认证证书得 2 分，否则不得分 ②具备 CMMI5 级认证证书的得 3 分，具备 CMMI4 级认证证书的得 2 分，CMMI3 级认证证书的得 1 分；其他得 0 分 注：提供以上证书复印件并加盖投标人公章	
	投标人业绩（客观分）	8	提供近 3 年内，即 2019 年 1 月 1 日至今，以合同签订时间为准，承接的气候/气象/海洋/生态环境等相关领域应用软件开发项目，每提供 1 个得 1 分，最多得 8 分。所提供材料必须包括合同首页、合同金额所在页、签字盖章页、合同标的页	

续表

评审因素		分值	评审标准	说明
商务部分	软件自主研发能力	5	投标人应具备气候/气象/海洋/生态环境等相关领域应用系统软件自主研发能力，应提供截止到本招标公告发出之前有效的中华人民共和国版权局颁发的气候/气象/海洋/生态环境等相关软件著作权登记证书或专利证书（复印件须加盖投标人公章），每提供 1 个得 1 分，最多得 5 分	
	技术团队实力（客观分）	8	①项目团队应具有气候/气象/海洋/生态环境等相关专业知识背景的硕士（需提供相关毕业证书复印件及社保缴纳证明），每提供 1 份满足要求的证明得 0.5 分，最多得 3 分 ②项目团队应包含高级工程师职称人员（需提供相关证书复印件及社保缴纳证明），每提供 1 份满足要求的证明得 1 分，最多得 4 分 ③项目团队须书面承诺专职，全程负责本次招标项目直至终验结束得 1 分，否则不得分	
服务部分	售后服务方案	5	①提供售后服务方案（3 分）。售后服务内容全面，流程清晰，响应及时得 3 分；售后服务内容不全，流程清晰度一般但能满足售后需求，响应速度一般得 2 分；其他响应情形得 1 分，未提供售后服务方案得 0 分 ②建立合理的技术支持团队（2 分）。明确技术支持的内容、成立专门的技术支持小组、提供完善周到的技术支持、提供完善及时的上门服务及技术支持，并提交书面承诺服务得 2 分；技术支持团队不够合理、技术支持内容未明确、未成立专门的技术支持团队或对完善及时的上门服务及技术支持未提交书面承诺服务得 1 分，其他情形得 0 分	须提供售后服务方案
	培训方案	2	提供培训计划和方案，包括制订科学合理的培训计划表、培训对象、培训内容、培训课时、培训材料，培训地点等。计划和方案内容全面，详细合理可行得 2 分；计划和方案内容不全，详细程度一般，合理性可行性较差得 1 分；其余响应情形得 0 分	须提供培训方案
	质量保障与实施方案	3	提供质量保障与实施方案，提出合理的项目全过程质量保证措施，过程检查有明确依据，质量保证工作量化。项目组织机构清晰、进度控制保证措施切实可行得 3 分；计划和方案内容不全、详细程度一般、合理性可行性较差得 1 分；其余响应情形得 0 分	

续表

评审因素		分值	评审标准	说明
技术部分	项目需求分析	6	①业务需求与用户需求分析方案(2分)。对项目建设范围和内容理解清晰,对用户总体需求分析正确,描述清楚得2分;对项目建设范围和内容及用户总体需求分析存在偏差,描述不够清楚得1分;对项目建设范围和内容理解偏差较大,对用户总体需求分析不正确,描述逻辑混乱,或不提供分析材料得0分 ②数据规格分析(2分)。项目中所需的数据,给出详细的数据规格说明得2分;项目中所需的数据,描述有1～2项漏项得1分;项目中所需的数据,描述有2项以上漏项,或未给出数据规格得0分 ③算法分析(2分)。项目中所需的算法,给出详细的算法说明得2分;项目中所需的算法,描述有1～2项漏项得1分;项目中所需的算法,描述有2项以上漏项,或未给出算法说明得0分	须提供项目分析材料
	总体技术方案	2	依据招标人提供的设计约束条件,采用成熟、先进且可行的技术路线,系统架构合理,设计方案详细、标准运用得当;识别关键技术,结合系统特点解决方案合理可行;接口定义清晰明确;系统运行模式设计符合系统特点与业务要求。完全满足上述要求得2分,部分要求不能满足得1分,未提供技术方案或不能满足上述要求得0分	
	系统功能设计	30	①针对气候系统多尺度监测和诊断改造需求(3分)。提供详细的功能设计方案得3分;系统功能设计方案内容不详细得2分;系统功能设计方案不全得1分;未提供设计方案得0分 ②针对多尺度气候预测智能化改造需求(3分)。提供详细的功能设计方案得3分;系统功能设计方案内容不详细得2分;系统功能设计方案不全得1分;未提供设计方案得0分 ③针对交互分析工具智能化改进需求(3分)。提供详细的功能设计方案得3分;系统功能设计方案内容不详细得2分;系统功能设计方案不全得1分;未提供设计方案得0分 ④针对智能化气候检验改造需求(3分)。提供详细的功能设计方案得3分;系统功能设计方案内容不详细得2分;系统功能设计方案不全得1分;未提供设计方案得0分 ⑤针对气候变化预估产品集成及智能化改进需求(3分)。提供详细的功能设计方案得3分;系统功能设计方案内容不详细得2分;系统功能设计方案不全得1分;未提供设计方案得0分 ⑥针对新增数据入库、业务算法、产品加工流水线任务需求(3分)。提供详细的功能设计方案得3分;系统功能设计	

续表

评审因素		分值	评审标准	说明
技术部分	系统功能设计	30	方案内容不详细得 2 分；系统功能设计方案不全得 1 分；未提供设计方案得 0 分 ⑦针对气候监测算法融入、气候预测算法融入、诊断分析算法融入需求(3 分)。提供详细的功能设计方案得 3 分；系统功能设计方案内容不详细得 2 分；系统功能设计方案不全得 1 分；未提供设计方案得 0 分 ⑧针对影响评估系统融入需求(3 分)。提供详细的功能设计方案得 3 分；系统功能设计方案内容不详细得 2 分；系统功能设计方案不全得 1 分；未提供设计方案得 0 分 ⑨针对自动产品制作融入需求(3 分)。提供详细的功能设计方案得 3 分；系统功能设计方案内容不详细得 2 分；系统功能设计方案不全得 1 分；未提供设计方案得 0 分 ⑩针对业务产品共享系统需求(3 分)。提供详细的功能设计方案得 3 分；系统功能设计方案内容不详细得 2 分；系统功能设计方案不全得 1 分；未提供设计方案得 0 分	
	关键技术解决方案	9	①与气象大数据云平台融入方案(3 分)。能够充分考虑 CIPAS 平台与气象大数据云平台的特点，覆盖数据采集流程改造、数据存储管理改造、产品加工流程改造、业务监控流程改造，制定详细的技术方案，考虑全面得 3 分；技术方案部分满足得 2 分；未提供技术方案或不能满足要求得 0 分 ②气候图形产品即时生成技术方案(3 分)。提供气候图形产品即时生成技术方案，以数据流的方式实现任意时效、任意区域、多要素的并行图形产品生成，并给出应用示例得 3 分；技术方案部分满足得 2 分；未提供技术方案或不能满足要求得 0 分 ③三维可视化技术方案(3 分)。提供详细的气候数据三维可视化方案，实现气候数据的三维展示与交互分析，考虑全面得 3 分；技术方案部分满足得 2 分；未提供技术方案或不能满足要求得 0 分	
	系统性能要求响应	5	对项目的性能要求(易用性、可扩展性、稳定性和可靠性、时效性)分析清晰，能够提出合理的响应措施和设计得 5 分；部分满足得 3 分；不能满足或未提供方案得 0 分	
	合计	100		

(五)合同主要条款或合同文本。合同类型按照民法典规定的典型合同类别，结合采购标的的实际情况确定。合同文本应当包含法定必备条款和采购需求的所有内容，包括但不限于标的名称，采购标的质量、数量(规模)，履行时间(期限)、地点和方式，包装方式，价款或者报酬、付款进度安排、资金支付方式，验收、交付标准和方法，

质量保修范围和保修期，违约责任与解决争议的方法等。

采购项目涉及采购标的的知识产权归属、处理方式的，如订购、设计、定制开发的信息化建设项目等，应当约定知识产权的归属和处理方式。采购人可以根据项目特点划分合同履行阶段，明确分期考核要求和对应的付款进度安排。对于长期运行的项目，要充分考虑成本、收益以及可能出现的重大市场风险，在合同中约定成本补偿、风险分担等事项。合同权利义务要围绕采购需求和合同履行设置。

该项包括合同条款通用部分和合同条款专用部分，详见中国气象局 http://10.1.65.18/forLogin/cginfo/show.jsp#“采购指南”。

三、编制流程

公开招标文件的编制流程如图 6-1 所示，包括编制投标人须知及格式文件、编制投标邀请公告、编制招投标人等重点事项、编制评审标准及细则、编制采购需求、编制合同条款及编制废标事项(若有)。

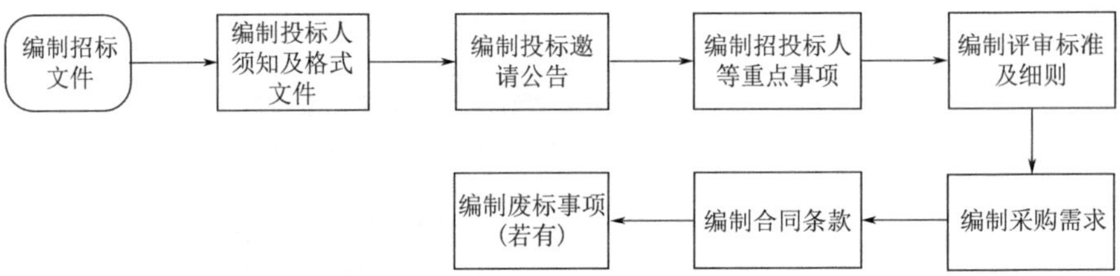

图 6-1　公开招标文件编制流程示意图

四、主要依据

(一)《中华人民共和国政府采购法实施条例》第十五条规定，采购人、采购代理机构应当根据政府采购政策、采购预算、采购需求编制采购文件。

(二)《政府采购货物和服务招标投标管理办法》第二十条规定，采购人或者采购代理机构应当根据采购项目的特点和采购需求编制招标文件。招标文件应当包括以下主要内容：1. 投标邀请；2. 投标人须知(包括投标文件的密封、签署、盖章要求等)；3. 投标人应当提交的资格、资信证明文件；4. 为落实政府采购政策，采购标的需满足的要求，以及投标人须提供的证明材料；5. 投标文件编制要求、投标报价要求和投标保证金交纳、退还方式以及不予退还投标保证金的情形；6. 采购项目预算金额，设定最高限价的，还应当公开最高限价；7. 采购项目的技术规格、数量、服务标准、验收等要求，包括附件、图纸等；8. 拟签订的合同文本；9. 货物、服务提供的时间、地点、方式；10. 采购资金的支付方式、时间、条件；11. 评标方法、评标标准和投标无效情形；12. 投标有效期；13. 投标截止时间、开标时间及地点；14. 采购代理机构代理费用的收取标准和方式；15. 投标人信用信息查询渠道及截止时间、信用信息查询记录和证据留存的具体方式、信用信息的使用规则等；16. 省级以上财政部门规定的其他事项。对于不允许偏离的实质性要求和条件，采购人或者采购代理机构应当在招标文件中规定，并以醒目的方式标明。

（三）《政府采购需求管理办法》（财库〔2021〕22 号）相关规定。

（四）《关于促进政府采购公平竞争优化营商环境的通知》（财库〔2019〕38 号）相关规定。

五、主要风险提示

（一）采购文件应当按照审核通过的采购需求和采购实施计划编制，评审因素设置是否具有倾向性，是否设置不合理和歧视性的准入条件排斥潜在供应商参与政府采购活动。

（二）采购人或者采购代理机构在编制招标文件时不得要求通过对样品进行检测、对供应商进行考察等方式改变评审结果。

（三）招标文件内容不完整，未明确采购方式、采购预算、投标文件编制要求及格式、拟签订的合同文本及法律法规要求必须具备的其他内容。

（四）投标人资格条件或评审因素设置不符合规定。采购人、采购代理机构不得将投标人的注册资本、资产总额、营业收入、从业人员、利润、纳税额等规模条件作为资格要求或者评审因素，也不得通过将除进口货物以外的生产厂家授权、承诺、证明、背书等作为资格要求，对投标人实行差别待遇或者歧视待遇。

（五）采购需求存在不合理条款，出现违反政府采购政策要求，含有特定的投标人或产品、存在倾向性或者排斥潜在投标人的内容，技术标准不符合国家强制性标准，以及不符合政府采购法律法规和政府采购政策的其他情形。

（六）气象专业设备采购需要有许可证的，查阅具有有效期内的许可证供应商是否满足 3 家及以上。

（七）采购项目涉及多家采购单位集中采购的，采购预算应分别说明每家采购单位的预算限额；各采购单位的采购标的不一致时，须在采购文件中要求供应商按照不同采购单位的采购清单和预算分别填写分项报价表。

（八）货物类采购文件编制，采购标的非单一产品时，应至少设置一个核心产品。

（九）评分标准中不允许设置区间分（如根据各投标方案内容的优劣情况，在对应的分值区间内打分。优:10—7分,良:6—3分,一般:2—0分),评分项为客观分的应标注客观分。

第二节　邀请招标文件编制

一、基本要求

采购人按照有关规定选择邀请招标方式开展政府采购活动前需要编制邀请招标采购文件。采购人可自行编制,也可以委托采购代理机构或其他第三方编制。

二、编制规范

编制邀请招标文件与公开招标文件基本一致,不同之处仅是投标邀请编制部分明确邀请特定的合格投标人参与投标。其他规定详见本章第一节。

三、编制流程

邀请招标文件编制流程如图 6-2 所示,包括编制投标人须知及格式文件、编制投标邀请公告、编制招投标人等重点事项、编制评审标准及细则、编制采购需求、编制合同条款及编制废标事项(若有)。

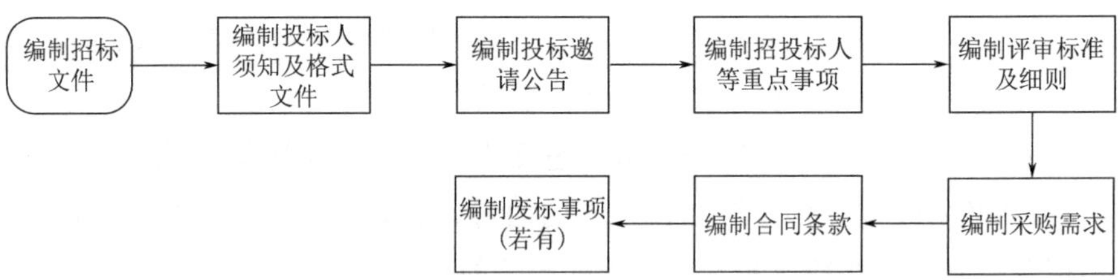

图 6-2　邀请招标文件编制流程示意图

四、主要依据

《政府采购货物和服务招标投标管理办法》。

五、主要风险提示

（一）采购文件应当按照审核通过的采购需求和采购实施计划编制。

（二）采购人或者采购代理机构在编制招标文件时不得要求通过对样品进行检测、对供应商进行考察等方式改变评审结果。

（三）招标文件内容不完整，未明确采购方式、采购预算、投标文件编制要求及格式、拟签订的合同文本及法律法规要求必须具备的其他内容。

（四）投标人资格条件或评审因素设置不符合规定。采购人、采购代理机构不得将投标人的注册资本、资产总额、营业收入、从业人员、利润、纳税额等规模条件作为资格要求或者评审因素，也不得通过将除进口货物以外的生产厂家授权、承诺、证明、背书等作为资格要求，对投标人实行差别待遇或者歧视待遇。

（五）采购需求存在不合理条款，出现违反政府采购政策要求，含有特定的投标人或产品、存在倾向性或者排斥潜在投标人的内容，技术标准不符合国家强制性标准，以及不符合政府采购法律法规和政府采购政策的其他情形。

（六）气象专业设备采购需要有许可证的，查阅具有有效期内的许可证供应商是否满足3家及以上。

（七）采购项目涉及多家采购单位集中采购的，采购预算应分别说明每家采购单位的预算限额；各采购单位的采购标的不一致时，须在采购文件中要求供应商按照不同采购单位的采购清单和预算分别填写分项报价表。

（八）货物类采购文件编制，采购标的非单一产品时，应至少设置一个核心产品。

（九）评分标准中不允许设置区间分（如根据各投标方案内容的优劣情况，在对应的分值区间内打分。优：10－7分，良：6－3分，一般：2－0分），评分项为客观分的应标注客观分。

第三节　竞争性谈判文件编制

一、基本要求

采购人按照有关规定选择竞争性谈判方式开展政府采购活动前需要编制竞争性谈判采购文件，这是采购人、采购代理机构向供应商提供的进行投标工作所必需的文件。竞争性谈判文件概括为五部分内容：一是谈判邀请，二是供应商须知前附表及供应商须知,三是合同条款,四是谈判响应文件格式,五是采购需求。

采购人可自行编制竞争性谈判采购文件,也可以委托采购代理机构或其他第三方编制。

二、编制规范

(一)谈判邀请编制。该项作为竞争性谈判采购公告主要内容,也是竞争性谈判文件的组成部分,采用简明概括的表述形式邀请合格供应商参加竞争性谈判。其中包括采购人名称、采购项目名称及编号、采购内容、谈判文件获取、接受谈判响应文件时间及报价截止时间、接受谈判响应文件及谈判地点、信息发布媒体,以及采购中心联系方式规定。

(二)供应商须知前附表编制。这项是供应商须知部分浓缩和进一步细化,以及结合采购项目需求特点设置的实质性要求,也是对采购当事人的强调和提醒,并以表格形式体现所要求的事项,其中标"*"条款表示投标文件对此要求若有缺失或无效,不允许在接受谈判响应文件截止时间后补正,且将直接导致供应商投标无效。

(三)供应商须知编制。这部分是竞争性谈判文件的总述,包括十项规定:一是总则,其中包括项目简介、合格供应商资格条件、进口产品、节能环保产品、中小微企业等采购政策,适用法律和谈判费用;二是竞争性谈判文件,其中包括谈判文件的组成、谈判文件的澄清或修改,以及通知;三是谈判响应文件的编写,其中包括谈判响应文件的语言和计量单位、谈判响应文件的组成及相关要求、谈判响应文件的填写说明、报价要求、分包与转包、响应有效期、谈判响应文件的签署及其他规定;四是谈判响应文件的递交,其中包括谈判响应文件的密封及标记、报价截止时间,谈判响应文件的补充、修改和撤回;五是谈判和评审,其中包括谈判原则、竞争性谈判程序、最后报价、对谈判响应文件错误的修正、确定成交供应商,以及谈判、评审过程保密;六是签订合同,其中包括成交通知、签订合同,以及采购终止;七是采购代理服务费规定;八是询问和质疑规定;九是保密和披露规定;十是供应商诚信评价规定。

(四)合同条款编制。合同类型按照民法典规定的典型合同类别,结合采购标的的实际情况确定。合同文本应当包含法定必备条款和采购需求的所有内容,包括但不限于标的名称,采购标的质量、数量(规模),履行时间(期限)、地点和方式,包装方式,价款或者报酬、付款进度安排、资金支付方式,验收、交付标准和方法,质量保修范围和保修期,违约责任与解决争议的方法等。

采购项目涉及采购标的的知识产权归属、处理的,如订购、设计、定制开发的信息化建设项目等,应当约定知识产权的归属和处理方式。采购人可以根据项目特点划分合同履行阶段，明确分期考核要求和对应的付款进度安排。对于长期运行的项目，要充分考虑成本、收益以及可能出现的重大市场风险，在合同中约定成本补偿、风险分担等事项。合同权利义务要围绕采购需求和合同履行设置。

采购标的货物类一般参照买卖合同文本，依据《中华人民共和国民法典》第五百九十五条规定，买卖合同是出卖人转移标的物的所有权于买受人，买受人支付价款的合同。第五百九十六条规定，买卖合同的内容一般包括标的物的名称、数量、质量、价款、履行期限、履行地点和方式、包装方式、检验标准和方法、结算方式、合同使用的文字及其效力等条款。

采购标的服务类一般参照技术合同文本，依据《中华人民共和国民法典》第八百四十三条规定，技术合同是当事人就技术开发、转让、许可、咨询或者服务订立的确立相互之间权力和义务的合同。

（五）谈判响应文件格式编制。详见竞争性谈判文件范本。

（六）采购需求编制。具体参见第二章第二节。

竞争性谈判文件范本详见中国气象局 http://10.1.65.18/forLogin/cginfo/show.jsp#“采购指南”。

三、编制流程

竞争性谈判文件编制流程如图 6-3 所示，包括编制谈判邀请、编制供应商须知前附表、编制供应商须知具体内容、编制合同条款、编制谈判响应文件格式及编制采购需求。

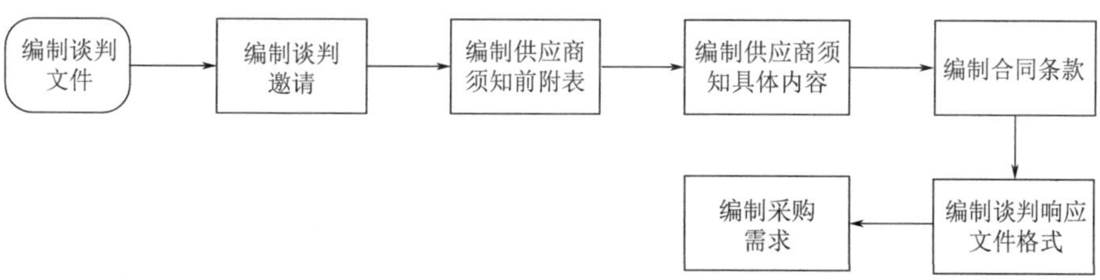

图 6-3　竞争性谈判文件编制流程示意图

四、主要依据

（一）《中华人民共和国政府采购法》和《中华人民共和国招标投标法实施条例》。

（二）《政府采购非招标采购方式管理办法》。

五、主要风险提示

（一）采购人或者采购代理机构在编制竞争性谈判文件时不得要求通过对样品进行检测、对供应商进行考察等方式改变评审结果。

（二）竞争性谈判文件内容未明确供应商资格条件、采购邀请、采购预算、采购需求、政府采购政策要求、评审程序、评审方法、价格构成或者报价要求、响应文件编制要求、谈判过程中可能实质性变动的内容、接受响应文件时间和接受响应文件截止时间及响应文件开启时间、接受响应文件地点，以及合同草案条款等。

第四节　竞争性磋商文件编制

一、基本要求

采购人按照有关规定选择竞争性磋商方式开展政府采购活动前需要编制竞争性磋商采购文件，这是采购人、采购代理机构向供应商提供的进行投标工作所必需的文件。竞争性磋商文件概括为六部分内容：一是磋商邀请，二是供应商须知前附表及供应商须知，三是评审方法和评审标准，四是合同条款，五是磋商响应文件格式，六是采购需求。

采购人可自行编制竞争性磋商文件，也可以委托采购代理机构或其他第三方编制。

二、编制规范

（一）磋商邀请编制。该项作为竞争性磋商采购公告主要内容，也是竞争性磋商采购文件的组成部分，采用简明概括的表述形式邀请合格供应商参加竞争性磋商。其中包括采购人名称、采购项目名称及编号、采购内容、磋商文件获取、接受磋商响应文件时间和接受响应文件截止时间及响应文件开启时间、接受磋商响应文件及磋商地点、信息发布媒体，以及采购中心联系方式规定。

（二）供应商须知前附表编制。这项是供应商须知部分高度浓缩和进一步细化，以及结合采购项目需求特点设置的实质性要求，也是对采购当事人的强调和提醒，并以表格形式体现所要求的事项，其中标“＊”条款表示投标文件对此要求若有缺失或无效，不允许在接受磋商响应文件截止时间后补正，且将直接导致供应商投标无效。

（三）供应商须知编制。这部分是竞争性磋商文件的总述，包括十项规定：一是总则，其中包括项目简介、合格供应商资格条件、进口产品、节能环保产品、中小微企业等采购政策，适用法律和谈判费用；二是竞争性磋商文件，其中包括磋商文件的组成、磋商文件的澄清或修改，以及通知；三是磋商响应文件的编写，其中包括磋商响应文件的语言和计量单位、磋商响应文件的组成及相关要求、磋商响应文件的填写说明、报价要求、分包与转包、响应有效期、磋商响应文件的签署及其他规定；四是磋商响应文件的递交，其中包括磋商响应文件的密封及标记、报价截止时间，磋商响应文件的补充、修改和撤回；五是磋商和评审，其中包括磋商原则、竞争性磋商程序、最后报价、对磋商响应文件错误的修正、确定成交供应商，以及磋商、评审过程保密；六是签订合同，其中包括成交通知、签订合同，以及采购终止；七是采购代理服务费规定；八是询问和质疑规定；九是保密和披露规定；十是供应商诚信评价规定。

（四）评审方法和评审标准编制。详见本章第一节二中（四）评标方法和评标标准。

（五）合同条款编制。合同类型按照《中华人民共和国民法典》（以下简称《民法典》）规定的典型合同类别，结合采购标的的实际情况确定。合同文本应当包含法定必备条款和采购需求的所有内容，包括但不限于标的名称，采购标的质量、数量（规模），履行时间（期限）、地点和方式，包装方式，价款或者报酬、付款进度安排、资金支付方式，验收、交付标准和方法，质量保修范围和保修期，违约责任与解决争议的方法等。

采购项目涉及采购标的的知识产权归属、处理的，如订购、设计、定制开发的信息化建设项目等，应当约定知识产权的归属和处理方式。采购人可以根据项目特点划分合同履行阶段，明确分期考核要求和对应的付款进度安排。对于长期运行的项目，要充分考虑成本、收益以及可能出现的重大市场风险，在合同中约定成本补偿、风险分担等事项。合同权利义务要围绕采购需求和合同履行设置。

采购标的货物类一般参照买卖合同文本，依据《民法典》第五百九十五条规定，买卖合同是出卖人转移标的物的所有权于买受人，买受人支付价款的合同。第五百九十六条规定，买卖合同的内容一般包括标的物的名称、数量、质量、价款、履行期限、履行地点和方式、包装方式、检验标准和方法、结算方式、合同使用的文字及其效力等条款。

采购标的服务类一般参照技术合同文本，依据《民法典》第八百四十三条规定，技术合同是当事人就技术开发、转让、许可、咨询或者服务订立的确立相互之间权力和义务的合同。

（六）磋商响应文件格式编制。详见竞争性磋商文件范本。

（七）采购需求编制。具体参见第二章第二节。

竞争性磋商文件范本详见中国气象局 http://10.1.65.18/forLogin/cginfo/show.jsp#“采购指南”。

三、编制流程

竞争性磋商文件编制流程如图 6-4 所示，包括编制磋商邀请、编制供应商须知前附表、编制供应商须知具体内容、编制合同条款、编制磋商响应文件格式、编制评审方法和评审标准及编制采购需求等。

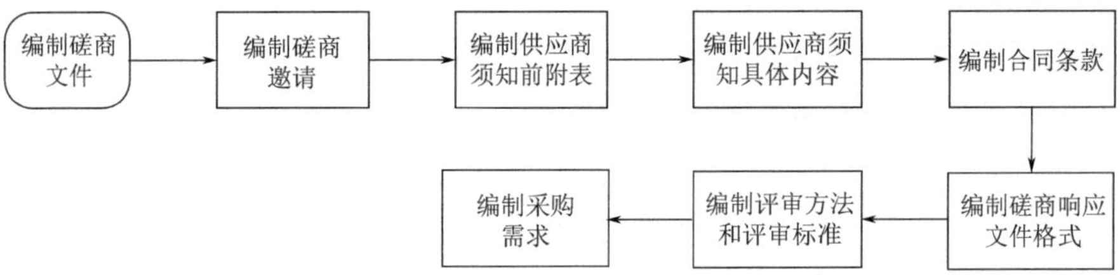

图 6-4　竞争性磋商文件编制流程示意图

四、主要依据

（一）财政部关于印发《政府采购竞争性磋商采购方式管理暂行办法》的通知（财库〔2014〕214 号）。

（二）《财政部关于政府采购竞争性磋商采购方式管理暂行办法有关问题的补充通知》（财库〔2015〕124 号）。

五、主要风险提示

（一）采购人或者采购代理机构在编制磋商文件时不得要求通过对样品进行检测、对供应商进行考察等方式改变评审结果。

（二）磋商文件内容不完整，未明确供应商资格条件、采购邀请、采购方式、采购预算、采购需求、政府采购政策要求、评审程序、评审方法、评审标准、价格构成或者报价要求、磋商响应文件编制要求、磋商过程中可能实质性变动的内容、接受磋商响应文件时间和接受响应文件截止时间及响应文件开启时间、接受磋商响应文件及磋商地点，以及合同草案条款等。

（三）气象专业设备采购需要有许可证的，查阅具有有效期内的许可证供应商是否满足 3 家及以上。

(四)采购项目涉及多家采购单位集中采购的,采购预算应分别说明每家采购单位的预算限额;各采购单位的采购标的不一致时,须在采购文件中要求供应商按照不同采购单位的采购清单和预算分别填写分项报价表。

(五)货物类采购文件编制,采购标的非单一产品时,应至少设置一个核心产品。

(六)评分标准中不允许设置区间分(如根据各投标方案内容的优劣情况,在对应的分值区间内打分。优:10—7 分,良:6—3 分,一般:2—0 分),评分项为客观分的应标注客观分。

第五节　单一来源采购文件编制

一、基本要求

采购人按照有关规定选择单一来源谈判方式开展政府采购活动前需要编制单一来源谈判采购文件,这是采购人、采购代理机构向唯一供应商提供的进行谈判响应工作所必需的文件。单一来源谈判文件概括为五部分内容:一是协商邀请,二是供应商须知前附表及供应商须知,三是合同条款,四是响应文件格式,五是采购需求。

采购人可自行编制竞争性谈判采购文件,也可以委托采购代理机构或其他第三方编制。

二、编制规范

(一)协商邀请编制。该项是单一来源谈判文件的组成部分,明确邀请唯一供应商参加单一来源协商谈判。其中包括采购人名称、采购项目名称及编号、采购内容、接受响应文件及协商采购地点、信息发布媒体,以及采购中心联系方式规定。

(二)供应商须知前附表编制。这项是供应商须知部分浓缩和进一步细化,以及结合采购项目需求特点设置的实质性要求,也是对采购当事人的强调和提醒,并以表格形式体现所要求的事项。

(三)供应商须知编制。这部分是单一来源谈判文件的总述,包括九项规定:一是总则,其中包括项目简介、合格供应商资格条件,协商采购费用;二是单一来源采购文件,其中包括采购文件的组成和采购文件的澄清或修改;三是响应文件的编写,其中包括响应文件的语言和计量单位、响应文件的组成及相关要求、响应文件的填写说明、报价要求、响应有效期、响应文件的签署及其他规定；四是响应文件的递交，其中包括响应文件的标记、响应文件的递交与接收；五是协商采购，其中包括协商程序、协商、对响应文件错误的修正、确定成交供应商；六是签订合同，其中包括成交通知、签订合同；七是采购代理服务费规定；八是保密和披露规定；九是供应商诚信评价规定。

（四）合同条款编制。合同类型按照《民法典》规定的典型合同类别，结合采购标的的实际情况确定。合同文本应当包含法定必备条款和采购需求的所有内容，包括但不限于标的名称，采购标的质量、数量（规模），履行时间（期限）、地点和方式，包装方式，价款或者报酬、付款进度安排、资金支付方式，验收、交付标准和方法，质量保修范围和保修期，违约责任与解决争议的方法等。

采购项目涉及采购标的的知识产权归属、处理的，如订购、设计、定制开发的信息化建设项目等，应当约定知识产权的归属和处理方式。采购人可以根据项目特点划分合同履行阶段，明确分期考核要求和对应的付款进度安排。对于长期运行的项目，要充分考虑成本、收益以及可能出现的重大市场风险，在合同中约定成本补偿、风险分担等事项。合同权利义务要围绕采购需求和合同履行设置。

采购标的货物类一般参照买卖合同文本，依据《中华人民共和国民法典》第五百九十五条规定，买卖合同是出卖人转移标的物的所有权于买受人，买受人支付价款的合同。第五百九十六条规定，买卖合同的内容一般包括标的物的名称、数量、质量、价款、履行期限、履行地点和方式、包装方式、检验标准和方法、结算方式、合同使用的文字及其效力等条款。

采购标的服务类一般参照技术合同文本，依据《中华人民共和国民法典》第八百四十三条规定，技术合同是当事人就技术开发、转让、许可、咨询或者服务订立的确立相互之间权利和义务的合同。

（五）响应文件格式编制。该项主要规定供应商提交文件须知、供应商应答索引、商务和技术部分格式要求。

其中商务部分格式包括响应函、法定代表人身份证明或授权委托书、法人营业执照或事业单位法人证书复印件、领取谈判文件之日后的“信用中国”网站信用记录截图、供应商基本情况、供应商服务团队一览表（服务类项目适用，项目无团队/人员要求的无须提供）、商务偏离表、同类项目的合同价格情况、供应商认为需要提供的其他商务文件（格式自拟）。技术部分格式包括首次报价表、采购标的成本说明、相关专利、专有技术等情况说明（格式自拟）、技术偏离表、主要标的信息表、项目实施和售后服务等（格式自拟），供应商认为需要提供的其他技术文件（格式自拟）。

（六）采购需求编制。具体参见第二章第二节。

单一来源谈判采购文件范本详见中国气象局 http://10.1.65.18/forLogin/cginfo/show.jsp#“采购指南”。

三、编制流程

单一来源谈判文件编制流程如图 6-5 所示，包括编制谈判邀请、编制供应商须知前附表、编制供应商须知具体内容、编制合同条款、编制谈判响应文件格式及编制采购需求等。

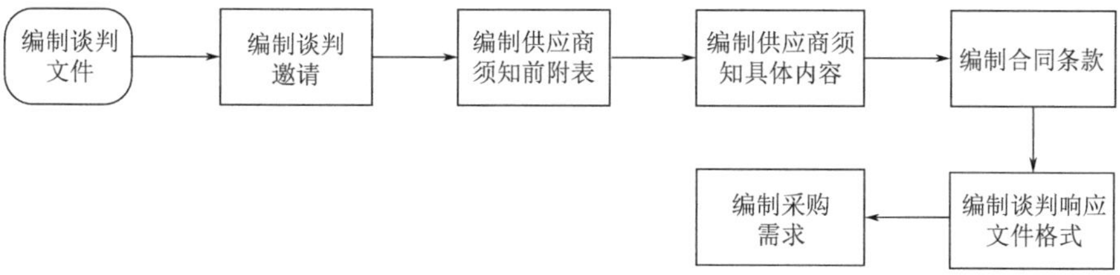

图 6-5　单一来源谈判文件编制流程示意图

四、主要依据

（一）《中华人民共和国政府采购法》和《中华人民共和国招标投标法实施条例》。

（二）《政府采购非招标采购方式管理办法》。

五、主要风险提示

单一来源采购文件未明确协商邀请、采购预算、采购需求、政府采购政策要求、协商程序、价格构成或者报价要求、响应文件编制要求、协商过程中可能实质性变动的内容、接受响应文件时间和接受响应文件截止时间、接受响应文件地点，以及合同草案条款等。

第七章　开展政府采购活动

第一节　受理委托采购项目

一、业务要求

气象部门采购人实施政府采购时一般委托采购代理机构完成供应商选中过程，进而达成项目采购合同授予的合法程序。

为此，气象部门采购人在中央预算管理一体化政府采购管理模块中完成采购计划备案程序的基础上，在“采购计划委托”菜单下选择采购项目委托或者单位自行采购，目的是在采购委托环节生成唯一的委托项目 ID，关联后续采购意向、采购公告、合同公告和执行情况填报。

采购代理机构通过财政部政府采购管理交易系统查看并准备项目受理。

非政府采购项目（采购项目标的不属于集中采购目录规定范围，或者采购限额 100 万元以下）未编制政府采购预算的，不通过管理系统委托，而直接委托代理机构采购。

后续阐述采购活动规范操作事项，主要以中国气象局政府采购中心（简称采购中心）受托实施政府采购项目流程进行说明。

气象部门多家预算单位采购统一布局或相同品目的项目时，多家单位可确认一家为牵头单位，由牵头单位统一办理委托等后续事宜，其他单位需提供同意牵头单位委托的书面文件。

二、业务规范

（一）选择采购代理机构。采购人完成项目采购计划备案程序后，依据第五章第四节并结合采购项目需求特点通过管理系统选择采购代理机构。分散采购项目，选择代理机构可通过中国政府采购网“政府采购代理机构名单”模块查询采购代理机构信息，同时可通过关注“代理机构不良行为记录名单”模块，衡量预判采购代理机构的信用、服务质量和专业水平，避免发生采购代理机构选择不当风险。

（二）接受委托签订代理协议。采购人选择确定采购代理机构后，应当与该采购代理机构进一步确定委托代理的具体事项，约定双方的权利义务。气象部门采购人委托采购中心采购时，通过政务系统发送“关于委托实施××××项目采购的函及相关附件”，简称委托函（需加盖委托单位公章，纸质或电子版均可）。采购中心在受托范围内开展代理采购活动，同时，依据政府采购法律法规及相关政策为采购人提供政府采购项目全过程咨询服务和有关业务指导。

气象部门多家预算单位采购统一布局或相同品目的项目时，多家单位可确认一家为牵头单位，由牵头单位统一办理委托等后续事宜，其他单位需提供同意牵头单位委托的书面文件。

委托函格式详见本章第六节第一条：采购项目委托函。

（三）确定项目负责人。采购中心对接受委托的项目进行项目解析，从而明确项目负责人，此后由该项目负责人直接与委托单位项目负责联系人对接及办理采购流程中的事项。

（四）核实委托函内容。项目负责人逐一核实采购项目是否已经公开采购意向、采购计划是否已经备案、涉及变更采购方式或进口产品采购的是否已取得相关批复、可研报告或初设报告或实施方案是否提供（当采购人委托采购中心编制采购文件时需要提供）、采购文件是否提供（当采购人自行编制时需要提供）。

（五）审批采购文件。首先采购中心项目负责人按照最新范本编制或完善采购文件，应将采购文件修改到位，尽可能不增加采购人编写采购文件负担；其次按照采购内控程序经双方负责人审核确认采购文件，期间可以继续修改完善；最后采购文件定稿，并形成采购文件审批表。

三、业务流程

受理委托采购项目的具体流程如图 7-1 所示，依次为选择采购代理机构、接受委托签订代理协议、确定项目负责人、核实委托函内容，最后审批采购文件。

图 7-1　受理委托采购项目流程示意图

四、主要依据

（一）《一体化系统政府采购模块功能及流程总体情况介绍》。

（二）《中国气象局政府采购中心受托采购事项实施办法》（气计函〔2014〕134 号）。

（三）《中华人民共和国政府采购法》。

五、主要风险提示

（一）未按规定选择采购代理机构。

（二）未明确代理机构采购范围权限。

（三）采购人对应当实行集中采购的政府采购项目，不委托集中采购机构实行集中采购的，由政府采购监督管理部门责令改正；拒不改正的，停止按预算向其支付资金，由其上级行政主管部门或者有关机关依法给予其直接负责的主管人员和其他直接责任人员处分。

第二节　政府采购公告和公示

一、业务要求

为提高政府采购活动透明度及合法合规，采购单位和采购代理机构应按照财政部制定的《政府采购公告和公示信息格式规范（2020 年版）》规范发布政府采购公告和公示信息。气象部门政府采购公告和公示信息主要包括政府采购意向公告（详见第三章第五节）、招标公告、竞争性谈判公告、竞争性磋商公告、中标（成交）结果公告、资格预审公告、更正公告、终止公告、单一来源采购公示、合同公告。

气象部门政府采购公告和公示信息主要在中国政府采购网发布，网址为 http://www.ccgp.gov.cn。

二、业务规范

（一）招标公告、竞争性谈判、竞争性磋商、询价公告内容规定

招标公告、竞争性谈判、竞争性磋商、询价公告的内容一般在相应采购文件的采购邀请部分具体说明，主要包括下述内容：

1. 项目概况。首先告知招标项目的潜在投标人应在中国政府采购网获取招标

文件，并于×年×月×日×时×分(北京时间)前递交投标文件。

2. 项目基本情况。项目名称、项目编号、预算金额、最高限价(若有)、采购需求(包括但不限于标的的名称、数量、简要技术需求或服务要求等)、合同履行期限，以及本项目(是/否)接受联合体投标。

3. 申请人的资格要求。一是满足《采购法》第二十二条规定；二是落实政府采购政策需满足的资格要求(如属于专门面向中小企业采购的项目，供应商应为中小微企业、监狱企业、残疾人福利性单位)；三是本项目的特定资格要求(如项目接受联合体投标，对联合体应提出相关资格要求，如属于特定行业项目，供应商应当具备特定行业法定准入要求。

4. 获取招标文件。包括时间、地点、方式、售价(若有)，采购中心免费发售招标文件。

5. 提交投标文件截止时间、开标时间和地点。

6. 公告期限。自本公告发布之日起 5 个工作日。

7. 采购人信息。名称、地址、联系人及联系方式。

8. 采购代理机构信息。名称、地址、联系人及联系方式。

9. 项目联系方式。项目联系人(组织本项目采购活动的具体工作人员姓名)、电话。

10. 其他补充事宜。

(二)中标(成交)结果公告内容规定

1. 项目编号。

2. 项目名称。

3. 中标(成交)信息。供应商名称、供应商地址、中标(成交)金额(可填写下浮率、折扣率或费率)，以及主要标的信息，如表 7-1 所示。

表 7-1　主要标的信息表

货物类	服务类	工程类
名称： 品牌(如有)： 规格型号： 数量： 单价：	名称： 服务范围： 服务要求： 服务时间： 服务标准：	名称： 施工范围： 施工工期： 项目经理： 执业证书信息：

4. 评审专家(单一来源采购人员)名单。

5. 代理服务收费标准及金额。

6. 公告期限:自本公告发布之日起1个工作日。

7. 采购人信息。名称、地址、联系人及联系方式。

8. 采购代理机构信息。名称、地址、联系人及联系方式。

9. 项目联系方式。项目联系人(组织本项目采购活动的具体工作人员姓名)、电话。

10. 其他补充事宜(若有)。

11. 附件

(1)采购文件(已公告的可不重复公告)。

(2)被推荐供应商名单和推荐理由(适用于邀请招标、竞争性谈判、询价、竞争性磋商采用书面推荐方式产生符合资格条件的潜在供应商的)。

(3)中标、成交供应商为中小企业的,应公告其《中小企业声明函》。

(4)中标、成交供应商为残疾人福利性单位的,应公告其《残疾人福利性单位声明函》。

(5)中标、成交供应商为注册地在国家级贫困县域内物业公司的,应公告注册所在县扶贫部门出具的聘用建档立卡贫困人员具体数量的证明。

(三)资格预审公告内容规定

1. 项目概况。招标项目的潜在资格预审申请人应在中国政府采购网获取招标文件,并于×年×月×日×时×分(北京时间)前提交申请文件。

2. 项目基本情况。项目编号、项目名称、采购方式、预算金额、最高限价(若有)、采购需求(包括但不限于标的的名称、数量、简要技术需求或服务要求等)、合同履行期限、本项目(是/否)接受联合体投标。

3. 申请人的资格要求。一是满足《采购法》第二十二条规定;二是落实政府采购政策需满足的资格要求(如属于专门面向中小企业采购的项目,供应商应为中小微企业、监狱企业、残疾人福利性单位);三是本项目的特定资格要求(如项目接受联合体投标,对联合体应提出相关资格要求);如属于特定行业项目,供应商应当具备特定行业法定准入要求。

4. 领取资格预审文件。包括时间、地点、方式。

5. 资格预审申请文件的组成及格式。

6. 资格预审的审查标准及方法。

7. 拟邀请参加投标的供应商数量。

8. 申请文件提交。应在×年×月×日×时×分(北京时间)前,将申请文件提交至采购中心邮箱 cma_gsc@163.com。

9. 资格预审日期。资格预审日期为文件提交截止时间至×年×月×日前。

10. 公告期限:自本公告发布之日起 5 个工作日。

11. 采购人信息。名称、地址、联系人及联系方式。

12. 采购代理机构信息。名称、地址、联系人及联系方式。

13. 项目联系方式。项目联系人(组织本项目采购活动的具体工作人员姓名)、电话。

14. 其他补充事宜。

(四)更正公告内容规定

1. 项目基本情况。原公告的采购项目编号、原公告的采购项目名称、首次公告日期。

2. 更正信息。更正事项,分为采购公告、采购文件、采购结果;更正内容(采购结果更正,还需同时在附件中公告变更后的中标(成交)供应商的相关信息)、更正日期。

3. 其他补充事宜。

4. 采购人信息。名称、地址、联系人及联系方式。

5. 采购代理机构信息。名称、地址、联系人及联系方式。

6. 项目联系方式。项目联系人(组织本项目采购活动的具体工作人员姓名)、电话。

7. 附件(适用于更正中标、成交供应商)

(1)中标、成交供应商为中小企业的,应公告其《中小企业声明函》。

(2)中标、成交供应商为残疾人福利性单位的,应公告其《残疾人福利性单位声明函》。

(3)中标、成交供应商为注册地在国家级贫困县域内物业公司的,应公告注册所在县扶贫部门出具的聘用建档立卡贫困人员具体数量的证明。

(五)终止公告内容规定

1. 项目基本情况。采购项目编号、采购项目名称。

2. 项目终止的原因。

3. 其他补充事宜。

4. 采购人信息。名称、地址、联系人及联系方式。

5. 采购代理机构信息。名称、地址、联系人及联系方式。

6. 项目联系方式。项目联系人(组织本项目采购活动的具体工作人员姓名)、电话。

(六)单一来源采购公示内容规定

1. 项目信息。采购人、项目名称、拟采购的货物或服务的说明、拟采购的货物或服务的预算金额、采用单一来源采购方式的原因及说明。

2. 拟定供应商信息。名称、地址。

3. 公示期限。公示期限不得少于5个工作日。

4. 其他补充事宜。

5. 采购人。联系人、联系地址、联系电话。

6. 财政部门。联系人、联系地址、联系电话。

7. 采购代理机构(若有)。联系人、联系地址、联系电话。

8. 附件。单一来源采购方式专业人员论证意见,须由专业人员手工填写,如表7-2所示。

表7-2　单一来源采购方式专业人员论证意见

<table>
<tr><td rowspan="3">专业人员信息</td><td colspan="2">姓名:</td></tr>
<tr><td colspan="2">职称:</td></tr>
<tr><td colspan="2">工作单位:</td></tr>
<tr><td rowspan="2">项目信息</td><td colspan="2">项目名称:</td></tr>
<tr><td colspan="2">供应商名称:</td></tr>
<tr><td>专业人员论证意见</td><td colspan="2">(专业人员论证意见应当完整、清晰和明确地表达从唯一供应商处采购的理由)</td></tr>
<tr><td>专业人员签字</td><td></td><td>日期　　年　月　日</td></tr>
</table>

(七)合同公告内容规定

1. 合同编号、合同名称。

2. 项目编号、项目名称。

3. 合同主体。采购人(甲方)、地址、联系方式;供应商(乙方)、地址、联系方式;

4. 合同主要信息。主要标的名称、规格型号(或服务要求)、主要标的数量、主要标的单价、合同金额、履约期限、地点等简要信息。

5. 采购方式(如公开招标、竞争性磋商、单一来源采购等)。

6. 合同签订日期、合同公告日期。

7. 其他补充事宜。

附件:上传合同(采购人应当按照《采购法实施条例》有关要求,将政府采购合同中涉及国家秘密、商业秘密的内容删除后予以公开)。

三、业务流程

政府采购公告流程如图 7-2 所示,依次为拟发布公告、编制公告内容、审核公告内容、预审再次审核无误以及发出采购公告或结果公告。

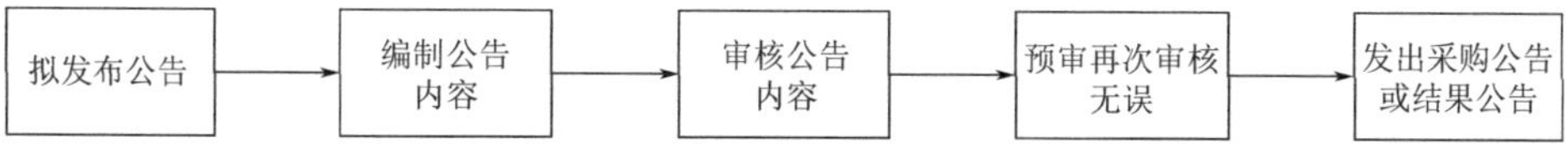

图 7-2　政府采购公告流程示意图

四、主要依据

(一)《中华人民共和国政府采购法》和《中华人民共和国政府采购法实施条例》。

(二)《政府采购货物和服务招标投标管理办法》。

(三)《政府采购公告和公示信息格式规范(2020 年版)》。

五、主要法律责任及风险提示

(一)招标公告、资格预审公告的公告期限为 5 个工作日。公告内容应当以省级以上财政部门指定媒体发布的公告为准。

(二)采购人或者采购代理机构对供应商进行资格预审的,资格预审公告应当在省级以上人民政府财政部门指定的媒体上发布。资格预审公告应当包括采购人和采购项目名称、采购需求、对供应商的资格要求以及供应商提交资格预审申请文件的时间和地点。

(三)采购人或者采购代理机构可以对已发出的招标文件、资格预审文件、投标邀请书进行必要的澄清或者修改,但不得改变采购标的和资格条件。澄清或者修改应当在原公告发布媒体上发布澄清公告。

(四)终止招标的,采购人或者采购代理机构应当及时在原公告发布媒体上发布终止公告,以书面形式通知已经获取招标文件、资格预审文件或者被邀请的潜在投标人,并将项目实施情况和采购任务取消原因报告本级财政部门。

(五)采购人或者采购代理机构应当自中标、成交供应商确定之日起 2 个工作日内,发出中标、成交通知书,并在省级以上人民政府财政部门指定的媒体上公告中标、成交结果,招标文件、竞争性谈判文件、询价通知书随中标、成交结果同时公告。中标、成交结果公告内容应当包括采购人和采购代理机构的名称、地址、联系方式,项目名称和项目编号，中标或者成交供应商名称、地址和中标或者成交金额，主要中标或者成交标的的名称、规格型号、数量、单价、服务要求以及评审专家名单。中标公告期限为1个工作日。

（六）采购人应当自政府采购合同签订之日起2个工作日内，将政府采购合同在省级以上人民政府财政部门指定的媒体上公告，但政府采购合同中涉及国家秘密、商业秘密的内容除外。

（七）采购人未按照规定公告政府采购合同的，由财政部门责令限期改正，给予警告，对直接负责的主管人员和其他直接责任人员依法给予处分，并予以通报。

第三节　政府采购项目评审

一、业务要求

这里所说的政府采购项目评审，是指采购中心从财政部政府采购专家库中抽取的专家和采购人代表或特殊情况由采购人推荐的专家和采购人代表组成的评审委员会或谈判小组依据相应采购方式的采购文件和供应商的响应文件进行评审，并出具评审报告。

采购代理机构应当建立完善的政府采购内部监督管理制度，具备开展政府采购业务所需的评审条件和设施。

二、业务规范

（一）评审活动组织。依据采购文件规定的时间和地点，采购人或者采购代理机构应当对开标、评标或协商谈判等评审现场活动进行全程录音录像，并在评审活动开始前宣布评审工作纪律，以及需要回避情形说明，并将记载评审工作纪律的书面文件（参见附录：评审委员承诺书）作为采购文件一并存档。组织评审委员会推选评标组长，采购人代表不得担任组长；在评标期间采取必要的通信管理措施，保证评标活动不受外界干扰；根据评标委员会的要求介绍政府采购相关政策法规、招标文件；维护评标秩序，监督评标委员会依照招标文件规定的评标程序、方法和标准进行独立评审，及时制止和纠正采购人代表、评审专家的倾向性言论或者违法违规行为；核对评标结果，向评审专家支付劳务报酬等。

（二）评审委员会成员数量及构成。公开招标评标委员会成员人数应当为5人以上单数，其中评审专家不得少于成员总数的2/3。采购项目符合下列情形之一的，评标委员会成员人数应当为7人以上单数：(1)采购预算金额在1000万元以上；(2)技术复杂；(3)社会影响较大。

竞争性谈判小组或者询价小组由采购人代表和评审专家共3人以上单数组成，其中评审专家人数不得少于竞争性谈判小组或者询价小组成员总数的2/3。技术复杂、专业性强的竞争性谈判采购项目，评审专家中应当包含1名法律专家。

(三)评审委员会专家产生。根据采购项目需求特点，采购人或者采购代理机构应当从省级以上人民政府财政部门设立的评审专家库中随机抽取评审专家。技术复杂、专业性强的竞争性谈判采购项目，通过随机方式难以确定合适的评审专家的，经主管预算单位同意，可以自行选定评审专家。

(四)评审专家抽取时间。除采用竞争性谈判、竞争性磋商方式采购，以及异地评审的项目外，采购人或者采购代理机构抽取评审专家的开始时间原则上不得早于评审活动开始前2个工作日。

评标中因评标委员会成员缺席、回避或者健康等特殊原因导致评标委员会组成不符合规定的，采购人或者采购代理机构应当依法补足后继续评标。被更换的评标委员会成员所作出的评标意见无效。无法及时补足评标委员会成员的，采购人或者采购代理机构应当停止评标活动，封存所有投标文件和开标、评标资料，依法重新组建评标委员会进行评标。原评标委员会所作出的评标意见无效。采购人或者采购代理机构应当将变更、重新组建评标委员会的情况予以记录，并随采购文件一并存档。

(五)采购项目评审。评审委员会、竞争性谈判小组或者询价小组成员应当按照客观、公正、审慎的原则，根据采购文件规定的评审程序、评审方法和评审标准进行独立评审。采购文件内容违反国家有关强制性规定的，评标委员会、竞争性谈判小组或者询价小组应当停止评审并向采购人或者采购代理机构说明情况。

(六)评审报告编制

1. 公开招标采购项目评标报告应当由评标委员会根据全体评标成员签字的原始评标记录和评标结果编写评标报告，具体内容应当包括：(1)招标公告刊登的媒体名称、开标日期和地点；(2)投标人名单和评标委员会成员名单；(3)评标方法和标准；(4)开标记录和评标情况及说明，包括无效投标人名单及原因；(5)评标结果，确定的中标候选人名单或者经采购人委托直接确定的中标人；(6)其他需要说明的情况，包括评标过程中投标人根据评标委员会要求进行的澄清、说明或者补正，评标委员会成员的更换等。

2. 竞争性谈判、询价采购项目评审报告应当由谈判小组、询价小组根据评审记录和评审结果编写评审报告，其主要内容包括：(1)邀请供应商参加采购活动的具体方式和相关情况，以及参加采购活动的供应商名单；(2)评审日期和地点，谈判小组、询价小组成员名单；(3)评审情况记录和说明，包括对供应商的资格审查情况、供应商响应文件评审情况、谈判情况、报价情况等；(4)提出的成交候选人的名单及理由。

3. 单一来源采购人员应当编写协商情况记录，主要内容包括：(1)单一来源采购专家论证意见公示及批复情况说明；(2)协商日期和地点，采购人员名单；(3)供应商提供的采购标的成本、同类项目合同价格以及相关专利、专有技术等情况说明；(4)合同主要条款及价格商定情况。

(七)评审报告签字。评标委员会、竞争性谈判小组或者询价小组全体成员应当在评审报告上签字，对自己的评审意见承担法律责任。对评审报告有异议的，应当在评审报告上签署不同意见，并说明理由；拒绝在评审报告上签字又不书面说明其不同意见和理由的，视为同意评审报告。

单一来源采购协商情况记录应当由采购全体人员签字认可。对记录有异议的采购人员，应当签署不同意见并说明理由。采购人员拒绝在记录上签字又不书面说明其不同意见和理由的，视为同意。

(八)评审争议处理。评审专家应当在评审报告上签字，对自己的评审意见承担法律责任。对需要共同认定的事项存在争议的，按照少数服从多数的原则作出结论。对评审报告有异议的，应当在评审报告上签署不同意见并说明理由，否则视为同意评审报告。

评标结果汇总完成后，除下列情形外，任何人不得修改评标结果：1. 分值汇总计算错误的；2. 分项评分超出评分标准范围的；3. 评标委员会成员对客观评审因素评分不一致的；4. 经评标委员会认定评分畸高、畸低的。

评标报告签署前，经复核发现存在以上情形之一的，评标委员会应当当场修改评标结果，并在评标报告中记载；评标报告签署后，采购人或者采购代理机构发现存在以上情形之一的，应当组织原评标委员会进行重新评审，重新评审改变评标结果的，书面报告本级财政部门。

投标人对分值汇总计算错误提出质疑的，采购人或者采购代理机构可以组织原评标委员会进行重新评审，重新评审改变评标结果的，应当书面报告本级财政部门。

三、业务流程

采购项目评审具体流程如图 7-3 所示，依次为准备评审材料、确定评审成员数量、确定评审专家类别、确定专家抽取时间及抽取、核对评审成员信息、进行采购项目评审、评审报告编制及签字确认，最后如有争议，还需进行评审争议处理。

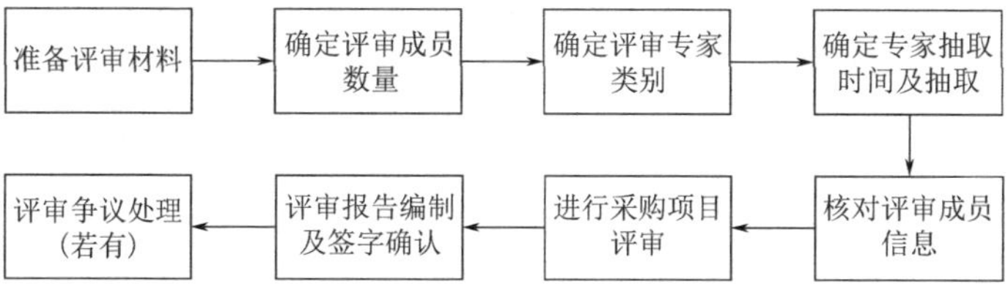

图 7-3 采购项目评审流程示意图

四、主要依据

（一）《中华人民共和国政府采购法》和《中华人民共和国招标投标法实施条例》。

（二）《政府采购货物和服务招标投标管理办法》。

（三）《政府采购非招标采购方式管理办法》。

（四）《政府采购评审专家管理办法》（财库〔2016〕198 号）。

五、主要法律责任及风险提示

（一）《采购法》第十二条规定，在政府采购活动中，采购人员及相关人员与供应商有利害关系的，必须回避。供应商认为采购人员及相关人员与其他供应商有利害关系的，可以申请其回避。相关人员，包括招标采购中评标委员会的组成人员，竞争性谈判采购中谈判小组的组成人员，询价采购中询价小组的组成人员等。

（二）《中华人民共和国政府采购法实施条例》第三十四条规定，招标文件中没有规定的评标标准不得作为评审的依据。

（三）《中华人民共和国政府采购法实施条例》第四十二条规定，采购人、采购代理机构不得向评标委员会、竞争性谈判小组或者询价小组的评审专家作倾向性、误导性的解释或者说明。

（四）《政府采购货物和服务招标投标管理办法》第四十七条第二款规定，评审专家对本单位的采购项目只能作为采购人代表参与评标，本办法第四十八条第二款规定情形除外。采购代理机构工作人员不得参加由本机构代理的政府采购项目的评标。

（五）《政府采购非招标采购方式管理办法》第七条规定，采购人不得以评审专家身份参加本部门或本单位采购项目的评审。采购代理机构人员不得参加本机构代理的采购项目的评审。

（六）《政府采购非招标采购方式管理办法》第四十一条规定，采用单一来源采购方式采购的，采购人、采购代理机构应当组织具有相关经验的专业人员与供应商商定合理的成交价格并保证采购项目质量。

（七）采购人或者采购代理机构未按规定抽取和使用评审专家的，依照《采购法》及有关法律法规追究法律责任。

（八）采购人、采购代理机构非法干预采购评审活动的，责令限期改正，给予警告，可以并处罚款，对直接负责的主管人员和其他直接责任人员，由其行政主管部门或者有关机关给予处分，并予通报。

（九）《政府采购货物和服务招标投标管理办法》第六十二条规定，评标委员会及其成员不得有下列行为：1. 确定参与评标至评标结束前私自接触投标人；2. 接受投标人提出的与投标文件不一致的澄清或者说明；3. 违反评标纪律发表倾向性意见或者征询采购人的倾向性意见；4. 对需要专业判断的主观评审因素协商评分；5. 在评标过程中擅离职守，影响评标程序正常进行的；6. 记录、复制或者带走任何评标资料；7. 其他不遵守评标纪律的行为。评标委员会成员有前款第一至五项行为之一的，其评审意见无效，并不得获取评审劳务报酬和报销异地评审差旅费。同时，由财政部门责令限期改正；情节严重的，给予警告，并对其不良行为予以记录。

（十）未按规定对开标、评标活动进行全程录音录像的；未按照规定进行开标和组织评标的；由财政部门责令限期改正，情节严重的，给予警告，对直接负责的主管人员和其他直接责任人员，由其行政主管部门或者有关机关给予处分，并予通报；采购代理机构有违法所得的，没收违法所得，并可以处以不超过违法所得 3 倍、最高不超过 3 万元的罚款，没有违法所得的，可以处以 1 万元以下的罚款。

（十一）《中华人民共和国政府采购法实施条例》第四十四条规定，除国务院财政部门规定的情形外，采购人、采购代理机构不得以任何理由组织重新评审。采购人、采购代理机构按照国务院财政部门的规定组织重新评审的，应当书面报告本级人民政府财政部门。

（十二）采购人或者采购代理机构不得通过对样品进行检测、对供应商进行考察等方式改变评审结果。

第四节　采购项目评审结果呈报

一、业务要求

采购项目评审结束后，采购代理机构应当自评审结束之日起 2 个工作日内将评审报告送交采购人。采购人应当自收到评审报告之日起 5 个工作日内在评审报告推荐的中标或者成交候选人中按顺序确定中标或者成交供应商。

采购人或者采购代理机构应当自中标、成交供应商确定之日起 2 个工作日内发出中标、成交通知书，并在省级以上人民政府财政部门指定的媒体上公告中标、成交结果，招标文件、竞争性谈判文件、询价通知书随中标、成交结果同时公告。

二、业务规范

（一）评审结束之日起 2 个工作日内理顺复核评审报告无误后扫描，并上报采购代理机构负责人签批。

（二）将上述签批的评审报告提交采购人确认，并确定中标或者成交供应商，反馈其签批的评审结果意见。采购人在收到评标报告 5 个工作日内未按评标报告推荐的中标候选人顺序确定中标人，又不能说明合法理由的，视同按评标报告推荐的顺序确定排名第一的中标候选人为中标人。

（三）采购代理机构主管领导审阅签批经采购人签批反馈的中标或成交供应商推荐结果。

（四）公告采购结果。采购人或者采购代理机构应当自采购结果确定之日起 2 个工作日内，在省级以上财政部门指定的媒体上公告采购结果。内容及格式详见本章第二节。

三、业务流程

采购项目评审结果的呈报流程如图 7-4 所示，依次包括复核评审报告及相关材料、上报评审报告、审批反馈供应商推荐意见以及公告采购结果。

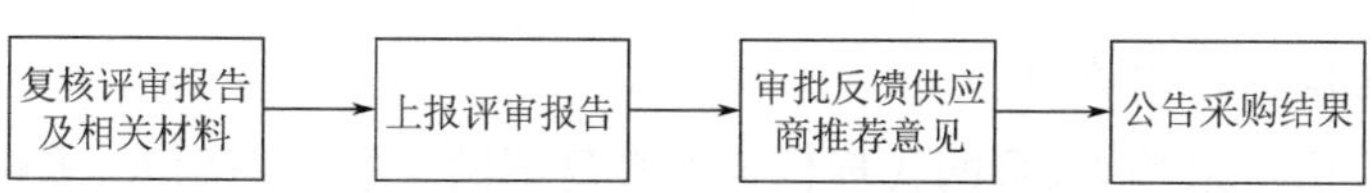

图 7-4　采购项目评审结果呈报流程示意图

四、主要依据

（一）《中华人民共和国招标投标法实施条例》。

（二）《政府采购货物和服务招标投标管理办法》（财政部令第 87 号）。

（三）《政府采购非招标采购方式管理办法》（财政部令第 74 号）。

五、主要风险提示

（一）未在规定时间内呈报评审报告。

（二）采购人、采购代理机构不得通过对样品进行检测、对供应商进行考察等方式改变评审结果。

（三）采购代理机构应当自评审结束之日起 2 个工作日内将评审报告送交采购人。采购人应当自收到评审报告之日起 5 个工作日内在评审报告推荐的中标或者成交候选人中按顺序确定中标或者成交供应商。采购人或者采购代理机构应当自中标、成交供应商确定之日起 2 个工作日内，发出中标、成交通知书，并在省级以上人民政府财政部门指定的媒体上公告中标、成交结果，招标文件、竞争性谈判文件、询价通知书随中标、成交结果同时公告。

第五节　采购项目质疑与投诉处理

一、业务要求

在政府采购活动中，供应商对政府采购活动事项有疑问的，可以向采购人提出询问，采购人应当及时作出答复，但答复的内容不得涉及商业秘密。

供应商认为采购文件、采购过程和中标、成交结果使自己的权益受到损害的，可以在知道或者应知其权益受到损害之日起 7 个工作日内，以书面形式向采购人提出质疑。采购人应当在收到供应商的书面质疑后 7 个工作日内作出答复，并以书面形式通知质疑供应商和其他有关供应商，但答复的内容不得涉及商业秘密。

采购人负责供应商质疑答复。采购人委托采购代理机构采购的，采购代理机构在委托授权范围内作出答复。

质疑供应商对采购人、采购代理机构的答复不满意或者采购人、采购代理机构未在规定的时间内作出答复的，可以在答复期满后 15 个工作日内向同级政府采购监督管理部门投诉。

县级以上各级人民政府财政部门负责依法处理供应商投诉。

二、业务规范

（一）答复询问。采购人或者采购代理机构收到供应商对政府采购活动事项询问时应当在3个工作日内对供应商依法提出的询问作出答复，但答复的内容不得涉及商业秘密。

（二）答复质疑。供应商认为采购文件、采购过程和中标、成交结果使自己的权益受到损害的，可以在知道或者应知其权益受到损害之日起7个工作日内，以书面形式向采购人或者采购代理机构提出质疑。供应商质疑应当有明确的请求和必要的证明材料。采购人或者采购代理机构应当在收到供应商的书面质疑后7个工作日内作出答复，并以书面形式通知质疑供应商和其他有关供应商，但答复的内容不得涉及商业秘密。

政府采购评审专家应当配合采购人或者采购代理机构答复供应商的询问和质疑。

质疑答复应当包括的内容：1. 质疑供应商的姓名或者名称；2. 收到质疑函的日期、质疑项目名称及编号；3. 质疑事项、质疑答复的具体内容、事实依据和法律依据；4. 告知质疑供应商依法投诉的权利；5. 质疑答复人名称；6. 答复质疑的日期。

采购人、采购代理机构认为供应商质疑不成立，或者成立但未对中标、成交结果构成影响的，继续开展采购活动；认为供应商质疑成立且影响或者可能影响中标、成交结果的，按照下列情况处理：1. 对采购文件提出的质疑，依法通过澄清或者修改可以继续开展采购活动的，澄清或者修改采购文件后继续开展采购活动；否则应当修改采购文件后重新开展采购活动。2. 对采购过程、中标或者成交结果提出的质疑，合格供应商符合法定数量时，可以从合格的中标或者成交候选人中另行确定中标、成交供应商的，应当依法另行确定中标、成交供应商；否则应当重新开展采购活动。

（三）投诉处理。政府采购监督管理部门应当在收到质疑供应商投诉后30个工作日内，对投诉事项作出处理决定，并以书面形式通知投诉人和与投诉事项有关的当事人。供应商投诉应当有明确的请求和必要的证明材料。供应商投诉的事项不得超出已质疑事项的范围。以联合体形式参加政府采购活动的，其投诉应当由组成联合体的所有供应商共同提出。

投诉人对政府采购监督管理部门的投诉处理决定不服或者政府采购监督管理部门逾期未作处理的，可以依法申请行政复议或者向人民法院提起行政诉讼。

政府采购监督管理部门在处理投诉事项期间，可以视具体情况书面通知采购人暂停采购活动，但暂停时间最长不得超过 30 日。

财政部门处理投诉事项采用书面审查的方式，必要时可以进行调查取证或者组织质证。对财政部门依法进行的调查取证，投诉人和与投诉事项有关的当事人应当如实反映情况，并提供相关材料。

投诉处理过程中有下列情形之一的，财政部门应当驳回投诉：1. 受理后发现投诉不符合法定受理条件；2. 投诉事项缺乏事实依据，投诉事项不成立；3. 投诉人捏造事实或者提供虚假材料；4. 投诉人以非法手段取得证明材料。证据来源的合法性存在明显疑问，投诉人无法证明其取得方式合法的，视为以非法手段取得证明材料。

财政部门受理投诉后，投诉人书面申请撤回投诉的，财政部门应当终止投诉处理程序。

财政部门对投诉事项作出的处理决定，应当在省级以上人民政府财政部门指定的媒体上公告。

三、业务流程

政府采购项目质疑或投诉流程如图 7-5 所示，依次为采购文件询问或质疑、答复或更正以及采购结果质疑，若质疑成立，则废标或更正，若质疑不成立，则答复维持原评审结果。

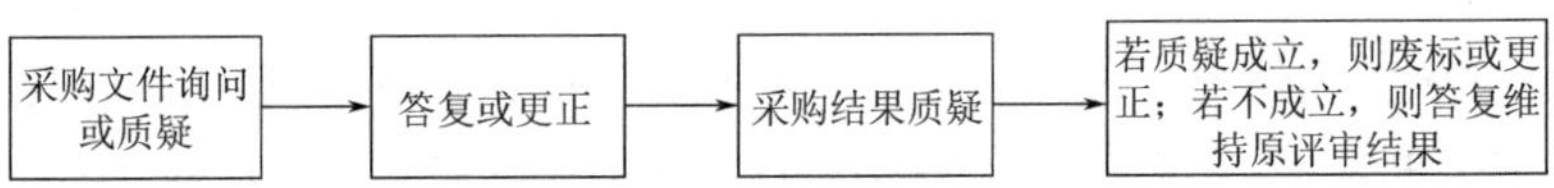

图 7-5　政府采购项目质疑或投诉流程示意图

四、主要依据

（一）《中华人民共和国政府采购法》和《中华人民共和国招标投标法实施条例》。

（二）《中华人民共和国政府采购法》第五十二条规定的供应商应知其权益受到损害之日，是指：1. 对可以质疑的采购文件提出质疑的，为收到采购文件之日或者采购文件公告期限届满之日；2. 对采购过程提出质疑的，为各采购程序环节结束之日；3. 对中标或者成交结果提出质疑的，为中标或者成交结果公告期限届满之日。

（三）《政府采购质疑和投诉办法》（财政部 94 号令）。

五、主要法律责任与风险提示

（一）采购人、采购代理机构对供应商的询问、质疑逾期未作处理。

（二）答复的内容不得涉及商业秘密。

（三）采购人、采购代理机构不得拒收质疑供应商在法定质疑期内发出的质疑函，应当在收到质疑函后 7 个工作日内作出答复，并以书面形式通知质疑供应商和其他有关供应商。

（四）质疑答复导致中标、成交结果改变的，采购人或者采购代理机构应当将有关情况书面报告本级财政部门。

（五）采购人、采购代理机构有下列情形之一的，由财政部门责令限期改正；情节严重的，给予警告，对直接负责的主管人员和其他直接责任人员，由其行政主管部门或者有关机关给予处分，并予通报：1. 拒收质疑供应商在法定质疑期内发出的质疑函；2. 对质疑不予答复或者答复与事实明显不符，并不能作出合理说明；3. 拒绝配合财政部门处理投诉事宜。

第六节　本章相关格式文件参考

一、采购项目委托函

关于委托实施××××项目采购的函

中国气象局气象发展与规划院（纸质委托也可写中国气象局政府采购中心）：

现委托你单位编制×××××××项目采购需求和采购实施计划（采购人：××××，可写三级预算单位），同时，根据中国气象局有关文件规定，按照《中国气象局政府采购中心受托采购事项实施办法》和气象部门集中采购目录要求，一并委托本项目后续采购。此项目采购预算为人民币（小写）××××元，该项目属于×××项目（2020 年山洪项目、气象业务维持费（气象探测费）、修购专项、××重大工程项目等）。此次采购不涉及进口货物采购审批（或者为：此次采购涉及进口货物审批并已得到批准），有关预算资金、采购预算已落实，采购计划已备案，采购意向已公开（或采购意向委托采购中心公开），建议采取公开招标方式进行采购（或者为：建议采取邀请招标或询价或竞争性谈判或单一来源谈判方式进行采购，采取非公开招标方式已经得到财政部批准，或者为：采取非公开招标方式不需要批准）。

{采购方式为公开招标、邀请招标的，还应增加以下内容：我单位同意委托中国气象局政府采购中心组织实施投标人资格性审查（或者为：投标人资格性审查由我单位自行组织）。}

{我单位同时授权×××（三级预算单位，如安徽省大气探测技术保障中心）办理采购文件、采购结果确认以

及委派采购人代表等有关政府采购事宜。}

联系人：×××　联系电话：×××××，×××××（手机）

附件：

1. 气象部门集中采购委托项目信息表。

2. 采购文件。

3. 采购意向公开截图。

4. 项目可研报告或初设报告或实施方案等。

5. 采购方式变更批复（涉及采购方式变更审批的情况下提供）。

6. 进口产品采购批复（涉及进口货物服务审批的情况下提供）。

××××单位

2023年××月××日

二、气象部门集中采购委托项目信息表

气象部门集中采购委托项目信息表

我单位今委托你中心办理下列货物或服务的采购事宜，具体需求如下：

* 项目名称		
* 委托单位所属二级预算单位		
* 采购人		
* 采购计划申请编码		
* 是否部门目录内项目	是	
* 政府采购预算是否属于预留采购份额专门面向中小企业采购	否	
* 采购预算（万元）		
* 采购方式	公开招标	
* 付款方式	财政直接支付	
* 采购项目所属项目名称		
* 项目类型	大中型业务建设项目	山洪地质灾害防治气象保障工程
* 采购类别	货物	
* 采购内容		
* 是否进口	否	

续表

采购项目负责人		办公电话	
		手　　机	
		政务邮箱	
* 采购项目联系人		办公电话	
		手　　机	
		政务邮箱	

注：* 为必填项。

三、采购文件审批表

中国气象局政府采购中心

政府采购项目采购文件审批表

委托单位	中国气象局气象探测中心		项目编号	ZQC-
项目名称	采购项目			
采购方式	公开招标			
委托单位项目联系人			手机	
委托单位项目负责人			手机	
采购中心项目负责人			经办人及电话	
投标截止时间/开标时间，开标地点				
采购中心意见： 请采购单位审核确认。				
负责人： 年　月　日				
委托单位领导意见： 经审核，我单位同意采购文件定稿。				
负责人： 单位(盖章) 年　月　日				
发展规划院领导意见： 同意。				
负责人： 年　月　日				

四、委派采购人代表参加开标、评审的函

关于委派采购人代表参加开标的函

中国气象局政府采购中心：

我单位委托你中心实施的“××××××项目”(项目编号：××××××)，将于××年××月××日进行开标。根据工作需要，我单位推荐×××(证件号码：××××，职称：××，手机电话：××××)、×××(证件号码：××××，职称：××，手机电话：××××)，作为采购人代表参加该项目的开标(采购人代表同时参加开标和投标人资格审查的，应增加以下内容：并同时参加投标人资格审查)。

特此致函。

××××单位(公章)

202×年××月××日

关于委派采购人代表参加评审的函

中国气象局政府采购中心：

我单位委托你中心实施的“××××××项目”(项目编号：××××××)，将于××年××月××日进行评审(或采购谈判)。根据工作需要，我单位推荐×××(证件号码：××××，职称：××，手机电话：××××)、×××(证件号码：××××，职称：××，手机电话：××××)，作为采购人代表参加该项目的评审(或采购谈判，采购人代表同时参加评标和投标人资格审查的，应增加以下内容：并同时参加投标人资格审查)。

特此致函。

××××单位(公章)

202×年××月××日

五、采购项目评审结果呈报表

中国气象局政府采购中心

政府采购项目评审结果呈报表

项目名称	采购项目		
项目编号	ZQC-	委托单位	
采购方式	公开招标	采购预算(万元)	
评审时间		评审地点	

续表

<table>
<tr><td rowspan="2">采购中心意见</td><td>根据招标文件的要求，评标委员会对符合要求的投标人进行了综合评审，推荐第一中标候选人为××××。
建议采购人按政府采购法的相关规定确认中标供应商后，采购中心再发布中标通知书。</td></tr>
<tr><td>采购中心负责人签字：
年　月　日</td></tr>
<tr><td colspan="2">委托单位领导意见：
同意。</td></tr>
<tr><td colspan="2">负责人：　　　　盖章：
年　月　日</td></tr>
<tr><td colspan="2">发展规划院领导意见：
同意。</td></tr>
<tr><td colspan="2">负责人：
年　月　日</td></tr>
</table>

第八章　政府采购项目合同履行

第一节　签订合同

一、业务要求

在政府采购活动中，采购人与中标、成交供应商应当在中标、成交通知书发出之日起30日内，按照采购文件确定的事项签订政府采购合同。政府采购合同应当采用书面形式。

以联合体形式进行政府采购的，联合体各方应当共同与采购人签订采购合同，就采购合同约定的事项对采购人承担连带责任。

政府采购合同的双方当事人不得擅自变更、中止或者终止合同。政府采购合同继续履行将损害国家利益和社会公共利益的，双方当事人应当变更、中止或者终止合同。有过错的一方应当承担赔偿责任，双方都有过错的，各自承担相应的责任。

二、业务规范

（一）确定政府采购合同类型。项目采购需求一经确定，编制采购实施计划时合同类型便已确定。合同类型按照《民法典》规定的典型合同类别，结合采购标的的实际情况确定。《民法典》第三编第二分编典型合同包括：买卖合同，供用电、水、气、热力合同，赠与合同，借款合同，保证合同，租赁合同，融资租赁合同，保理合同，承揽合同，建设工程合同，运输合同，技术合同，保管合同，仓储合同，委托合同，物业服务合同，行纪合同，中介合同，合伙合同，共19种。气象部门政府采购项目中经常采用的为买卖合同、技术合同；偶尔涉及建设工程合同、物业服务合同、委托合同。

(二)拟定政府采购合同文本。合同文本应当包含法定必备条款和采购需求的所有内容,包括但不限于标的名称,采购标的质量、数量(规模),履行时间(期限)、地点和方式,包装方式,价款或者报酬、付款进度安排、资金支付方式,验收、交付标准和方法,质量保修范围和保修期,违约责任与解决争议的方法等。

(三)复核政府采购合同签订依据。包括采购文件、中标/成交通知书,以及中标/成交供应商的投标文件。

(四)签订政府采购合同。采购人与中标、成交供应商应当在中标、成交通知书发出之日起 30 日内,按照采购文件确定的事项签订政府采购合同。

(五)暂停或终止合同。询问或者质疑事项可能影响中标、成交结果的,采购人应当暂停签订合同,已经签订合同的,应当中止履行合同。

三、业务流程

政府采购项目合同签订流程如图 8-1 所示,依次为确定政府采购合同类型、拟定政府采购合同文本、复核政府采购合同签订依据、签订政府采购合同以及公告政府采购合同。

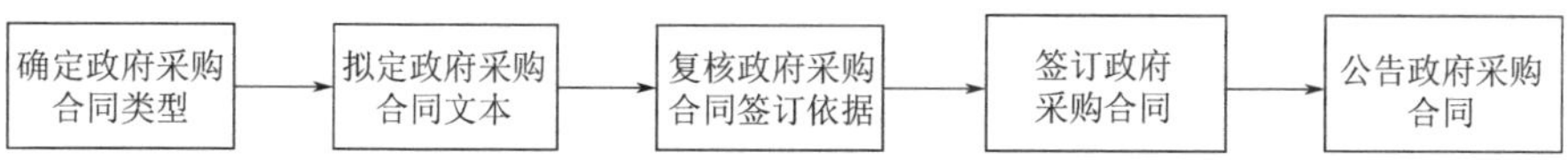

图 8-1　政府采购项目合同签订流程示意图

四、主要依据

(一)《中华人民共和国政府采购法》和《中华人民共和国招标投标法实施条例》。

(二)《财政部关于进一步加强政府采购需求和履约验收管理的指导意见》(财库〔2016〕205 号)。

(三)《气象部门合同管理办法》(气发〔2016〕69 号)和《气象部门内部控制基本指引》(气计函〔2016〕192 号)。

(四)《关于加强气象部门货物和服务类政府采购合同执行管理的通知》(气计函〔2019〕210 号)。

(五)《中华人民共和国民法典》第三编第二分编。

(六)《政府采购需求管理办法》(财库〔2021〕22 号)。

五、主要风险提示

（一）询问或者质疑事项可能影响中标、成交结果的，采购人应当暂停签订合同，已经签订合同的，应当中止履行合同。

（二）政府采购合同履行中，采购人需追加与合同标的相同的货物、工程或者服务的，在不改变合同其他条款的前提下，可以与供应商协商签订补充合同，但所有补充合同的采购金额不得超过原合同采购金额的百分之十。

（三）经采购人同意，中标、成交供应商可以依法采取分包方式履行合同。政府采购合同分包履行的，中标、成交供应商就采购项目和分包项目向采购人负责，分包供应商就分包项目承担责任。

（四）采购人、采购代理机构存在中标、成交通知书发出后不与中标、成交供应商签订采购合同的，或未按照采购文件确定的事项签订政府采购合同的，以及擅自变更、中止或者终止政府采购合同的，责令限期改正，给予警告，可以并处罚款，对直接负责的主管人员和其他直接责任人员，由其行政主管部门或者有关机关给予处分，并予通报。

（五）询价通知书应当根据采购需求确定政府采购合同条款。在询价过程中，询价小组不得改变询价通知书所确定的政府采购合同条款。

依据中标通知书、招标文件、中标供应商的投标文件等编制合同的主要条款，具体合同格式一般采取采购人与中标供应商自愿协商确定。但采购人或中标供应商不按照招标文件确定的事项签订政府采购合同，或拒绝签订政府采购合同，应承担相应的法律责任。

（六）采购标的、规格型号、采购金额、采购数量、技术和服务要求等实质性内容不得在签订采购合同时做影响中标、成交结果和采购双方当事人享有的权利义务的改变。

第二节　公告合同

一、业务要求

在政府采购活动中，采购人应当自政府采购合同签订之日起 2 个工作日内，将政府采购合同在省级以上人民政府财政部门指定的媒体上公告，但政府采购合同中涉及国家秘密、商业秘密的内容除外。

采购人和其委托的采购代理机构应当对其提供的政府采购合同的真实性、准确性、合法性负责。

合同中涉及个人隐私的姓名、联系方式等内容，除征得权利人同意外，不得对外公告。

二、业务规范

（一）采购合同签订

政府采购合同适用合同法，采购人和供应商之间的权利和义务应当按照平等、自愿的原则采用书面形式以合同方式约定。采购人组织政府采购活动，采购文件必须包括拟签订的合同文本，合同文本应当包含法定必备条款和采购需求的所有内容。

合同文本应当包含的主要内容：包括但不限于标的名称，采购标的质量、数量（规模），履行时间（期限）、地点和方式，包装方式，价款或者报酬、付款进度安排、资金支付方式，验收、交付标准和方法，质量保修范围和保修期，违约责任与解决争议的方法等。

（二）合同公告范围

除按项目执行的以外，协议供货和定点采购可以暂不公告采购合同；批量集中采购可以只公告框架协议。

（三）合同公告内容

合同公告中，除了公开相关信息外，还要上传合同附件，采购人应当按照《采购法实施条例》有关要求，将政府采购合同中涉及国家秘密、商业秘密的内容删除后予以公开。

政府采购合同涉及国家秘密的内容，由采购人依据《保守国家秘密法》等法律制度规定确定。采购合同中涉及商业秘密的内容，由采购人依据《反不正当竞争法》《最高人民法院关于适用〈中华人民共和国民事诉讼法〉若干问题的意见》（法发〔1992〕22号）等法律制度的规定，与供应商在合同中约定。其中，合同标的名称、规格型号、单价及合同金额等内容不得作为商业秘密。

表 8-1 为合同公告格式规范（2020 年版）。

表 8-1 合同公告规范格式表

<table>
<tr><td>合同公告
一、合同编号：____________
二、合同名称：____________
三、项目编号(或招标编号、政府采购计划编号、采购计划备案文号等，如有)：____________
四、项目名称：____________
五、合同主体
采购人(甲方)：____________
地址：____________
联系方式：____________
供应商(乙方)：____________
地址：____________
联系方式：____________
六、合同主要信息
主要标的名称：____________
规格型号(或服务要求)：____________
主要标的数量：____________
主要标的单价：____________
合同金额：____________
履约期限、地点等简要信息：____________
采购方式：(如公开招标、竞争性磋商、单一来源采购等)
七、合同签订日期：____________
八、合同公告日期：____________
九、其他补充事宜：____________
附件：上传合同(采购人应当按照《采购法实施条例》有关要求，将政府采购合同中涉及国家秘密、商业秘密的内容删除后予以公开)</td></tr>
</table>

(四)合同公告渠道

中央预算单位政府采购合同应当在中国政府采购网公告，地方预算单位政府采购合同应当在所在行政区域的中国政府采购网省级分网公告。

三、业务流程

(一)账户登录

用户打开浏览器，输入中国政府采购网-合同公告地址 http://www.ccgp.gov.cn/htgg/，页面如图 8-2 所示。

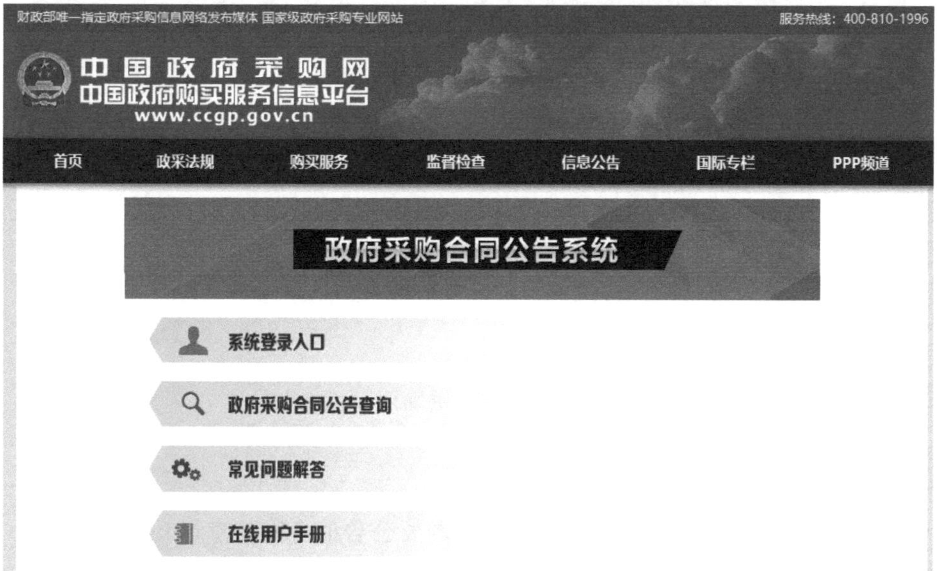

图 8-2　合同公告账户登录入口

(二)各单位业务办理人输入用户名、密码,单击【登录】按钮,进入系统主界面,如图 8-3 所示。

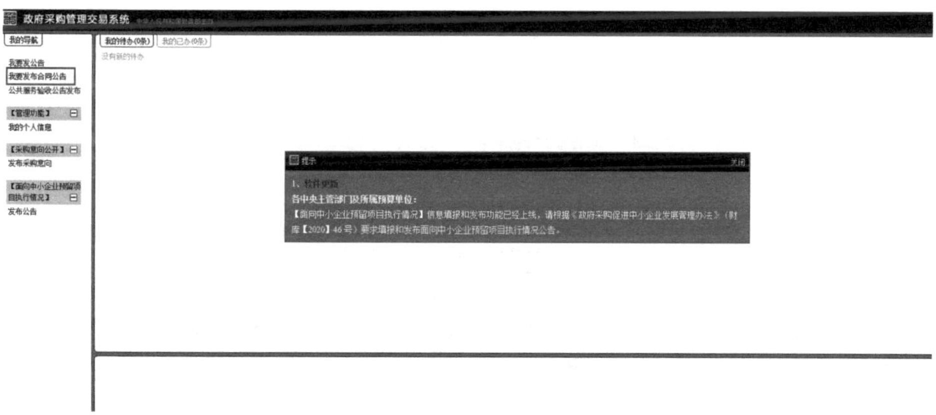

图 8-3　合同公告登录成功界面

(三)用户可以查看和发布本单位合同公告

用户登录后,点击【我要发合同公告】,进入合同管理界面,如图 8-4 所示。在该页面中,用户能够查看已经公告的合同,未公告的合同可以进行删除和修改,同时可以新增公告合同。

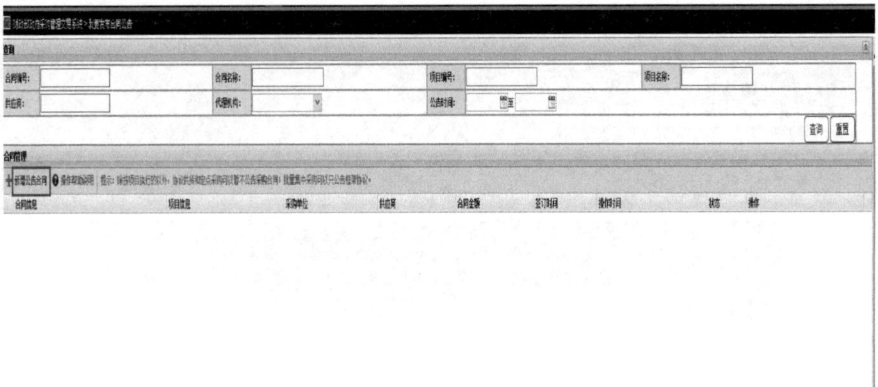

图 8-4　合同公告查看和发布示意图

(四)新增合同公告

1. 点击 新增公告合同 按钮,可以新增要公告的合同信息,如图 8-5 所示。当要发布的合同,采购公告是由其他单位发布的情况下,请勾选搜全网即可,会默认查询所有的中国政府采购网上的标讯记录,供查询。勾选完搜索全网按钮之后,可以在选择单位一栏的输入框中,输入想要查询的单位名称,便可以搜索该单位发布的公告内容。

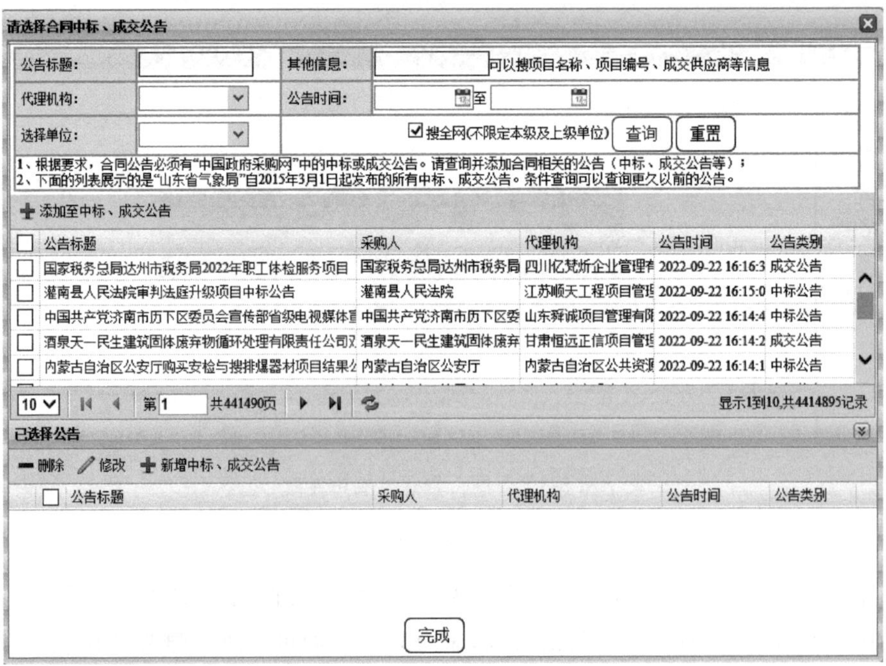

图 8-5　查询公告的合同信息示意图

2. 选中中标、成交公告(每次只能选择一条),点击 添加至中标、成交公告 按钮,将选中的数据显示在已选择公告栏,如图 8-6 所示。同时,在采购公告是上级单位发布的情况下,可以通过选择发布单位,查询该单位发布的采购公告,并加入到已选择公告列表,下拉选框中默认只显示本单位及所有上级单位,或者勾选搜索全网,在整个中国政府采购网的范围内搜索公告。

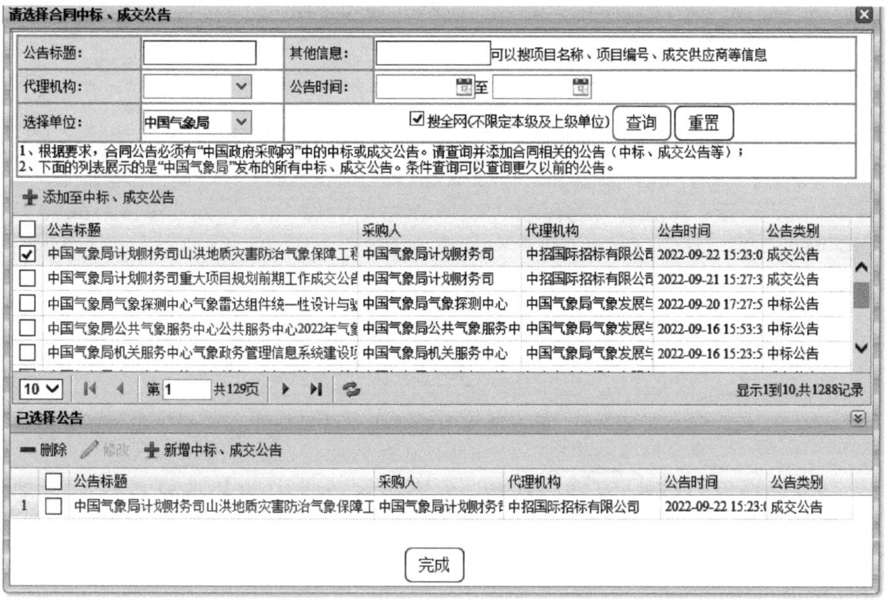

图 8-6　选择已公告的合同示意图

3. 对于不在本网发布的公告内容或者委托合并采购招标需要发布本单位合同公告的,可以选择新增中标成交公告按钮,填写必要的公告信息,指向在其他地方分网发布的采购公告地址,并保存即可,如图 8-7 所示。

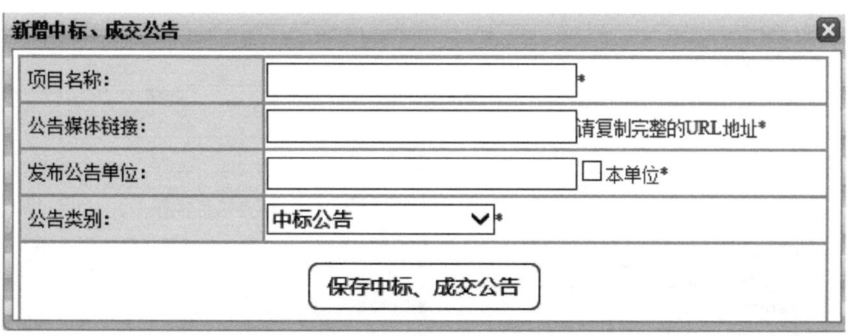

图 8-7　其他方式发布的合同查询操作示意图

4. 如果要重新选择公告，选中已经选择的公告，点击 **━ 删除** 按钮，即可重新选择公告，如图 8-8 所示。

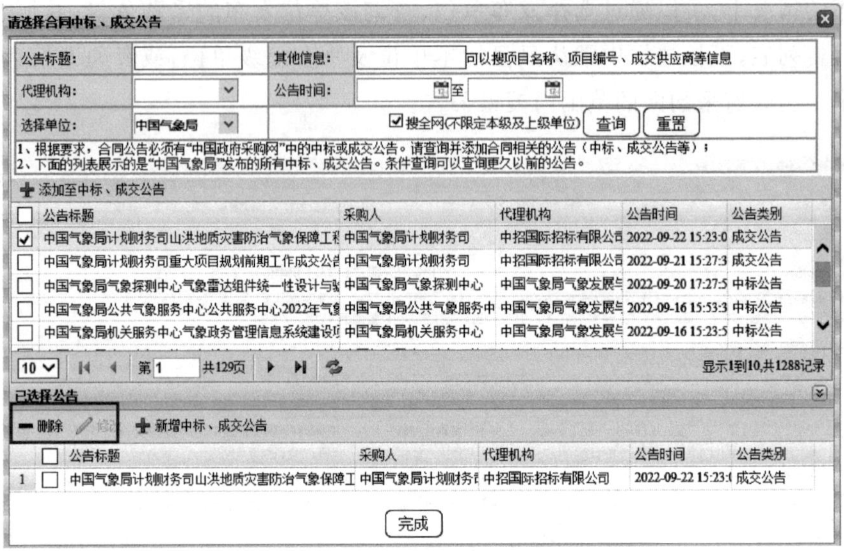

图 8-8　重新选择中标或成交结果公告

5. 公告选择后，点击 **完成** 按钮，系统会将公告中的基本要素信息自动填入到合同公告表单中，如项目编号、项目名称等，用户也可以对其修改，如图 8-9 所示。

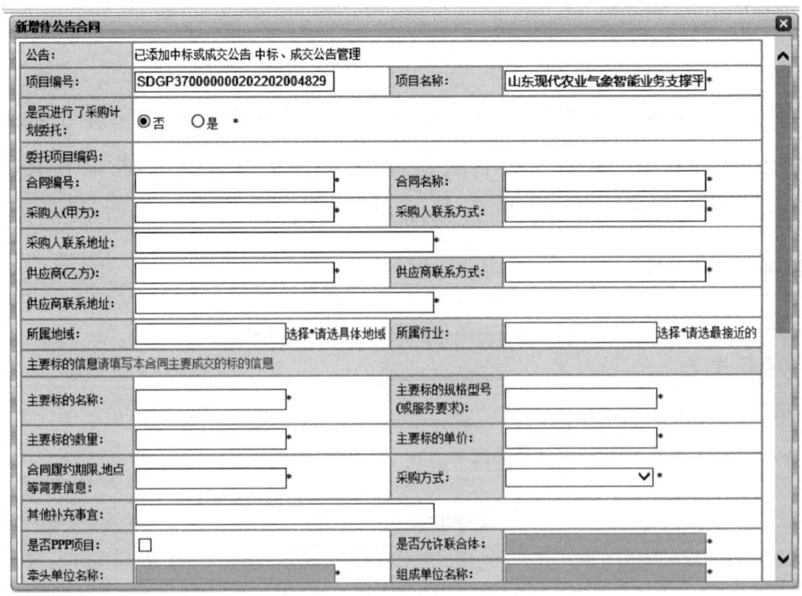

图 8-9　选择中标或成交公告后信息自动导入合同公告界面示意图

6. 如果已完成采购申请委托，委托项目编码会自动带出，如图 8-10 所示。

图 8-10　合同公告界面自动导入有关信息示意图

7. 填写合同相关信息，上传附件（合同附件的格式要求为：Word 格式（ *. doc、*. docx），Pdf 格式（ *. pdf）及 WPS 格式（ *. wps））。完成后，可以点击【保存合同】或直接【公告合同】，如图 8-11 所示。

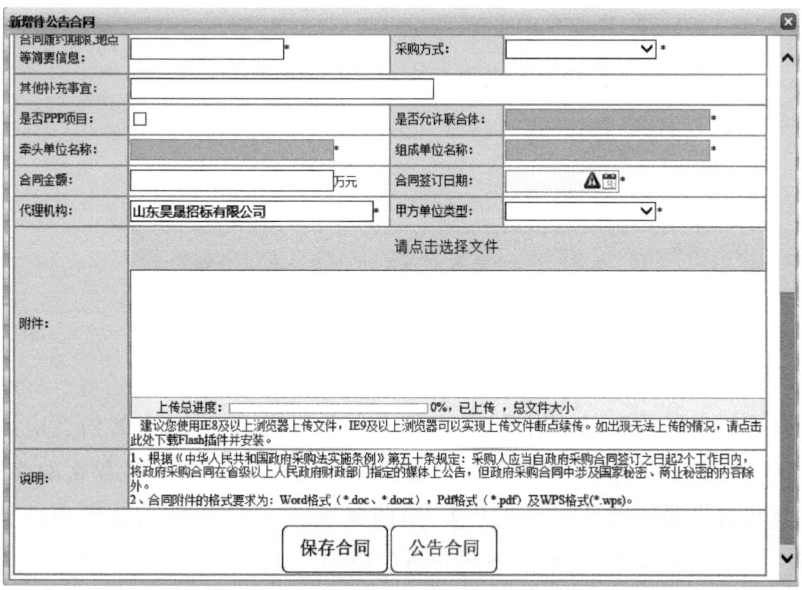

图 8-11　上传符合要求的附件文件准备保存及公告合同示意图

点击公告合同，将合同信息直接公告在网站上。

8. 点击[保存合同]按钮，可以保存合同信息。保存后跳转到合同管理界面，如图8-12所示，保存后的合同信息可以进行修改、删除和公告操作。

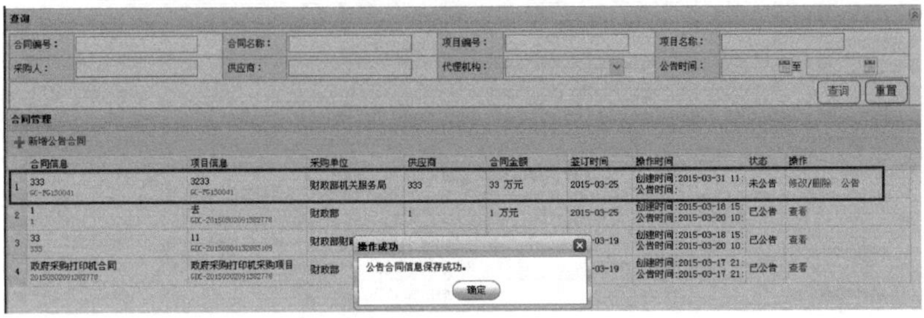

图 8-12　保存合同信息示意图

（五）查看公告。如图 8-13 所示。

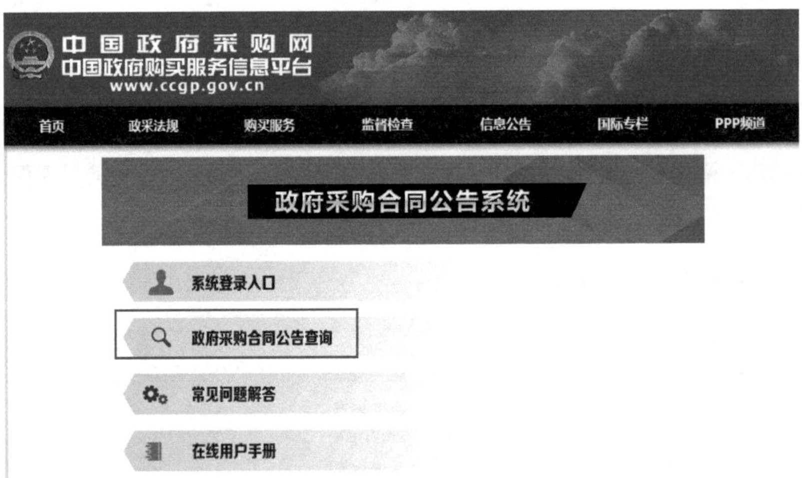

图 8-13　查看合同是否已完成公告示意图

四、主要依据

（一）《中华人民共和国政府采购法》第十一条规定，政府采购的信息应当在政府采购监督管理部门指定的媒体上及时向社会公开发布，但涉及商业秘密的除外。

（二）《政府采购信息发布管理办法》第四条规定，政府采购信息发布应当遵循格式规范统一、渠道相对集中、便于查找获得的原则。

五、主要风险提示

《政府采购信息发布管理办法》第十六条规定，采购人或者其委托的采购代理机构未依法在指定媒体上发布政府采购项目信息的，依照政府采购法实施条例第六十八条追究法律责任。采购人或者其委托的采购代理机构存在其他违反本办法规定行为的，由县级以上财政部门依法责令限期改正，给予警告，对直接负责的主管人员和其他直接责任人员，建议其行政主管部门或者有关机关依法依规处理，并予通报。

第三节　资金支付

一、业务要求

采购人应当按照政府采购合同规定，及时向中标或者成交供应商支付采购资金，并加强对中标人的履约管理。

政府采购项目资金支付程序，按照国家有关财政资金支付管理的规定执行。

二、业务规范

（一）明确政府采购货物、工程和服务大类入“项目库”。

（二）按经济分类、底级采购品目和具体采购项目编制预算。

（三）申报政府采购计划，进行采购，签订采购合同。

（四）登录预算管理一体化系统政府采购模块，进行合同备案。

1. 单位经办岗登录一体化系统，点击进入“政府采购系统—政府采购合同备案（年中切换）”表单，录入备案合同信息。

2. 提交单位审核岗审核后，备案成功。

3. 单位经办岗点击同步至支付环节。

（五）资金支付执行模块操作如下：

1. 经办岗选择需要支付的指标，进入制单界面，选择已备案的合同，收款人信息自动带入，制单并提交审核岗。

2. 审核岗进入“国库集中支付”—“资金支付”—“集中支付申请审核（预算单位）”，审核无误后，点击“签名”输入 Ukey 密码，提交签章岗。

3. 签章岗进入“国库集中支付”－“资金支付”－“集中支付申请签章（预算单

位)”,插上单位名称的 Ukey,点击签章,选择单位名称的 Ukey 证书,输入密码后,提交系统进行支付。

4. 支付成功后,经办岗进入“国库集中支付”—“资金支付”—“集中支付凭证回单接收(预算单位)”,点“打印”,分别打印国库集中支付申请书(图 8-14)、国库集中支付凭证(图 8-15),作为支付回单附件。

国库集中支付申请书

申请单位名称: 江苏省气象信息中心
申请单位统一社会信用代码: 123200004660153519
指标类型: 当年预算
账户类型: 单位零余额账户

申请部门名称: 中国气象局
申请书序号: 2022822300002201274

单位: 元

预算科目			项目		收款人			申请金额	批准金额
功能分类(类款项) 编码和名称	政府经济分类(类款) 编码和名称	部门经济分类(类款) 编码和名称	编码	名称	全称	开户银行	银行账号		
2200504气象事业机构	00000其他	30231公务用车运行维护费	102141220120220009014	事业类人员经费	[illegible]	中国建设银行股份有限公司南京宁南支行	6236[illegible]	¥450.50	¥450.50
合计								¥450.50	¥450.50

批准金额合计(大写): 肆佰伍拾元伍角整

申请支付部门		申请支付单位			财政部国库司				
						支付处		审核处	
审核人	经办人	财务负责人	审核人	经办人	司长	处长	经办人	处长	经办人
			孟研	倪珏茜					

第　　次打印

图 8-14　国库集中支付申请书

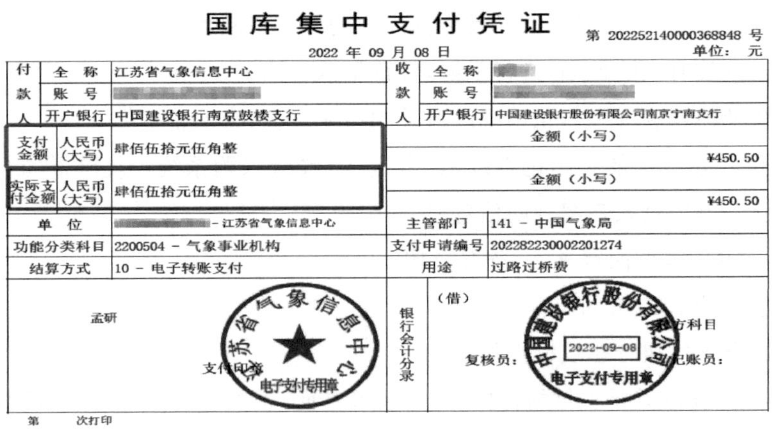

国库集中支付凭证

第 202252140000368848 号

2022 年 09 月 08 日

单位: 元

付款人			收款人		
付款人	全称	江苏省气象信息中心	收款人	全称	[illegible]
	账号	[illegible]		账号	[illegible]
	开户银行	中国建设银行南京鼓楼支行		开户银行	中国建设银行股份有限公司南京宁南支行
支付金额	人民币(大写)	肆佰伍拾元伍角整	金额(小写)		¥450.50
实际支付金额	人民币(大写)	肆佰伍拾元伍角整	金额(小写)		¥450.50
单位		[illegible] - 江苏省气象信息中心	主管部门		141 - 中国气象局
功能分类科目		2200504 - 气象事业机构	支付申请编号		2022822300002201274
结算方式		10 - 电子转账支付	用途		过路过桥费

孟研

支付印章

银行会计分录

(借)方科目

复核员:

记账员:

第　　次打印

图 8-15　国库集中支付凭证

三、业务流程

政府采购业务全过程具体流程如图 8-16 所示，项目入库后明确政府采购货物、工程或服务大类，按照经济分类、底级采购品目和具体采购项目编制预算，新增资产预算供编制政府采购预算时选择，足额预留面向中小企业采购份额，财政部(国库司)对“一上”“二上”采购预算编制情况进行审核。然后进入采购环节，完成政府采购计划、执行到履约验收的全过程管理，最后进入支付资产环节，进行资金支付和资产入库，合同及履约信息作为重要依据。

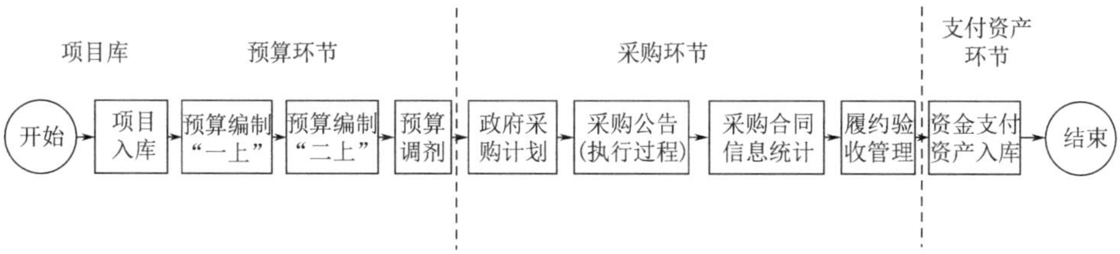

图 8-16　政府采购业务全过程示意图

预算管理一体化的资金支付流程如图 8-17 所示，首先由单位录入岗登录一体化系统单位进行合同备案，由单位审核岗审核备案合同后，单位点击同步至支付环节，然后由经办岗选择指标申请录入，随后进入支付申请初审、复审和签章，最后接收支付凭证回单。

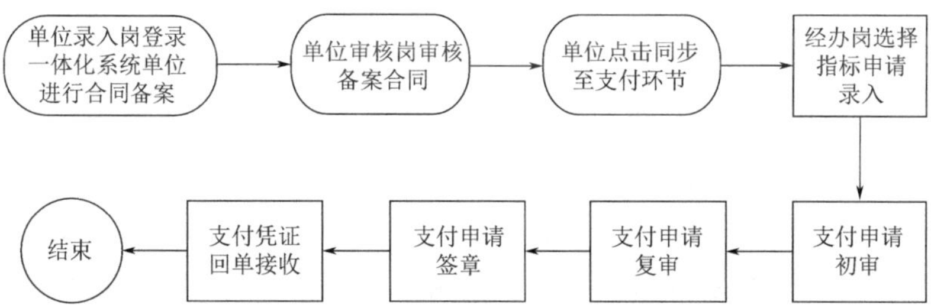

图 8-17　预算管理一体化系统资金支付流程示意图

四、主要依据

(一)《中华人民共和国政府采购法》。

(二)《政府采购货物和服务招标投标管理办法》(财政部令第 87 号)第七十五条规定，采购人应当加强对中标人的履约管理，并按照采购合同约定，及时向中标人支付采购资金。对于中标人违反采购合同约定的行为，采购人应当及时处理，依法追究其违约责任。

（三）《中央财政预算管理一体化资金支付管理办法（试行）》的通知（财库〔2022〕5号）第十二条规定，按照支出活动的具体特点和管理要求，资金支付分为以下类型：购买性支出包括所有编制政府采购预算的支出，以及部门预算支出经济分类科目特定范围内的支出。编制政府采购预算的购买性支出，资金支付申请应当匹配政府采购合同。中央一体化系统校验政府采购合同中的收款人信息、合同金额等信息，校验不通过的原则上不允许支付资金。

五、主要风险提示

（一）未依据合同条款，按照规定支付节点和资金比例办理支付手续。

（二）未按照大额资金支付风险防控制度。

（三）严格审核政府采购合同备案信息，与收款人、合同、发票信息保持一致，否则影响正常支付。

（四）单笔支付金额在500万元（含）以上的支出，需提前5个工作日发起支付申请，否则影响支付进度。

第四节　合同履约验收

一、业务要求

政府采购项目的验收是政府采购程序中的重要环节，是检验政府采购合同履约结果、保证采购质量的关键。采购人或者采购代理机构应当按照政府采购合同规定的技术、服务、安全标准组织对供应商履约情况进行验收，并出具验收书。验收书应当包括每一项技术、服务、安全标准的履约情况。大型或者复杂的政府采购项目，应当邀请国家认可的质量检测机构参加验收工作。验收方成员应当在验收书上签字，并承担相应的法律责任。

对于中标或成交人违反采购合同约定的行为，采购人应当及时处理，依法追究其违约责任。

二、业务规范

严格规范开展履约验收是加强政府采购结果管理的重要举措，是保证采购质量、开展绩效评价、形成闭环管理的重要环节，对实现采购与预算、资产及财务等管理工作协调联动具有重要意义。

(一)准备验收材料。包括招标(采购)文件和投标(响应)文件，签订的合同，以及在履行合同过程中产生的必要证明材料等。

(二)确定验收标准。政府采购项目验收标准通常须在合同文本中明确。根据采购类别不同，采购项目验收标准可分为工程、货物和服务三类。

工程类项目的各个专业部分都有相关的验收标准，比如环境保护设施、劳动安全、卫生设施、消防设施、人防设施等，是由国家、地方、行业等部门制定的。工程类验收标准可参考中国气象局机关服务中心汇编的《主管部门或市政公用服务企业现场验收和监督的内容标准》。

气象部门常用的货物类项目大体可分为研制类设备、气象专用设备和通用设备等。研制类设备的验收标准需要根据具体项目情况自行确定。气象专用设备是指探空仪、自动站、雷达等设备，验收标准包括国家标准、行业标准以及中国气象局发布的业务规范。通用设备是指计算机、服务器等信息类设备，验收标准可参考相关的国家标准和行业标准。

气象部门常用的服务类项目大体可分为简单服务、集成和软件开发服务。简单服务如会议、印刷等，服务标准达到采购人要求即可。集成和软件开发服务验收标准可参考国家标准《软件系统验收规范》(GB/T 28035-2011)，结合项目需求制定。

(三)编制验收方案。验收方案应包括验收的主体、时间、方式、程序、内容和验收标准等事项。

(四)验收组织。《采购法》规定了政府采购项目的验收是由采购人或者其委托的采购代理机构组织，责任主体是采购人。在气象部门实践中，一般是采购人组织，采购人内部具体承担部门根据政府采购项目情况不同而不同。一般项目由采购部门组织验收，重大项目由职能部门组织验收。具体可参考本单位的管理规范要求。

(五)签订验收意见书。召开验收会，验收专家组听取供应商汇报，审查验收材料，现场查看等；专家组经过讨论询问，形成是否通过验收的意见，包括履约标的数量、金额、验收结论等内容。验收专家均需在验收意见书上签字确认。

(六)履约验收结果须在中央预算管理一体化系统中进行登记，作为资金支付、资产登记的重要依据，实现了政府采购项目从计划到履约完成的全生命周期管理。每个合同可以进行多次履约验收结果备案。

三、业务流程

气象部门政府采购项目验收根据采购对象不同，应采取相应的验收流程。以下主要介绍货物和服务类采购项目验收流程。

（一）货物类验收流程

通用设备或采购金额不大的设备，可由采购人检查设备情况，进行必要的加电测试等，签署验收单，如协议供货的产品一般都附有电子验收单。气象专业设备，如地面观测设备、探空仪、人工影响天气作业设备等，均需要现场验收。研制类设备或大型设备，验收流程相对复杂。一般分为出厂检验、现场安装和初步交付、系统正式验收 3 个阶段。

出厂检验，是指供应商完成研制后，采购人派人员到现场对照合同检验设备的功能、性能和技术资料等是否符合要求。

现场安装和初步交付，是指设备在现场安装调试，采购人和供应商共同进行技术指标测试、系统联调和试运行。

系统正式验收，是指在现场安装交付后，系统经过一段时间的运行考验，证明在功能、性能指标和稳定可靠性方面已达到合同要求，并且合同规定的其他各项条款也都满足时进行的正式验收，如图 8-18 所示。

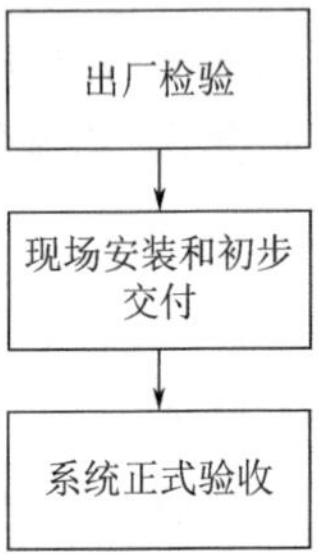

图 8-18 货物类验收流程示意图

（二）服务类验收流程

简单的服务，如会议服务等，验收流程可简化，一般做好服务过程记录，待服务过程结束移交相关记录。集成服务、软件开发服务等技术专业性要求高的服务，验收流程可分为验收准备、验收实施、验收后移交 3 个阶段。

验收准备阶段：供应商提出验收申请，并准备好验收材料；采购人初步审查验收申请和相关材料，组建验收专家组。专家组通常由采购人构成，但大型或者复杂的政府采购项目，应当邀请国家认可的质量检测机构参加验收工作。

验收实施阶段：召开验收会，验收专家组听取供应商汇报，审查验收材料，现场查看开发系统情况；专家组经过讨论，达成一致意见，形成验收意见。

验收后移交阶段：如通过验收，双方要进行资金、实物以及相关材料的交接，完成产权转移；如未通过验收，一种情况是待供应商改进后再次验收，另一种情况是双方终止合同并进行必要的交接，如图 8-19 所示。

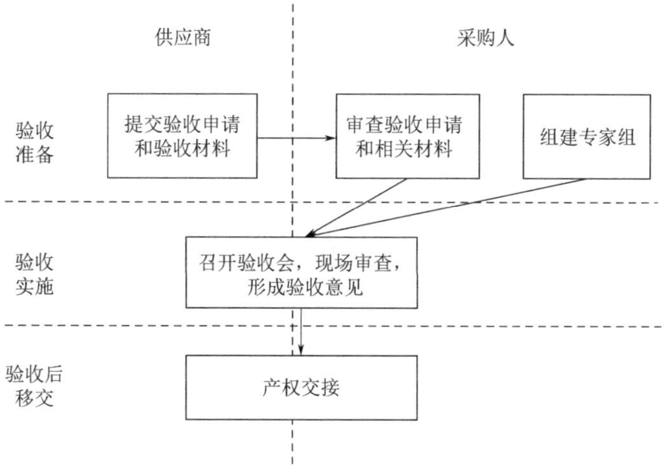

图 8-19　服务类验收流程示意图

（三）工程类验收流程

工程类项目验收应经过各相关部门包括电梯、消防、节能、档案、规划、分户、人防、环保等专项验收，应有资质的质检部门出具工程验收意见及合格证，各专项验收要按照国家或地方等政府部门要求的流程执行。采购人要组织勘察、设计、监理等单位和相关政府部门进行专项验收和整体验收，如图 8-20 所示。具体可参考中国气象局机关服务中心编制的《建设工程管理法规汇编 2020 版》。

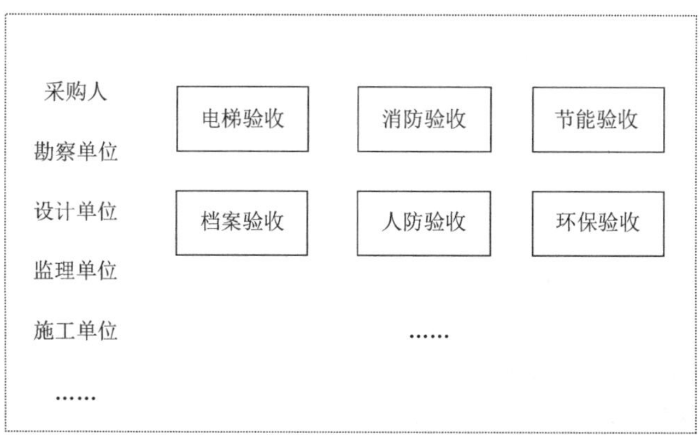

图 8-20　工程类验收流程示意图

履约验收结论备案流程如图 8-21 所示，由预算单位经办岗录入履约验收结论，单位审核岗进行审核，审核后财政部门自动备案，履约验收结论备案生效。系统可支持分批次履约验收;按需填报后上报审核并由财政自动备案后生效。

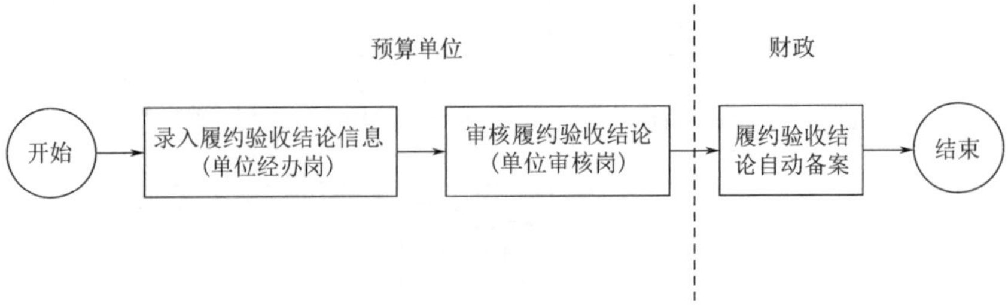

图 8-21　履约验收结论备案流程示意图

四、主要依据

(一)《财政部关于进一步加强政府采购需求和履约验收管理的指导意见》(财库〔2016〕205 号)。

(二)《关于加强气象部门货物和服务类政府采购合同执行管理的通知》(气计函〔2019〕210 号)。

(三)《气象部门内部控制基本指引》(气计函〔2016〕192 号)。

(四)《中华人民共和国政府采购法》。

(五)《中华人民共和国政府采购法实施条例》。

(六)《政府采购货物和服务招标投标管理办法》(财政部令第 87 号)。

(七)《政府采购非招标采购方式管理办法》(财政部令第 74 号)。

(八)《政府采购需求管理办法》(财库〔2021〕22 号)。

(九)《政府采购进口产品管理办法》第十九条。

(十)《财政部关于中央预算单位 2023 年政府采购计划和信息统计编报工作的通知》。

五、主要法律责任及风险提示

(一)是否未组织验收或验收流于形式。

(二)是否按合同约定时间验收,合同分期支付条件是否满足,手续是否齐全。

(三)验收人员组成及专业水平是否符合要求。

(四)是否建立验收相应的内控制度。

(五)是否按合同标准进行验收。

(六)是否符合国家相关部门规定的专项验收标准。

（七）专业性项目强制性规定是否有具备相应资质的机构和人员出具验收意见。

（八）验收材料是否完整、规范。

（九）采购人、采购代理机构未按照规定组织对供应商履约情况进行验收的，依照《采购法》第七十一条、第七十八条的规定追究法律责任。

（十）招标文件要求中标人提交履约保证金的，中标人应当按照招标文件的要求提交。履约保证金不得超过中标合同金额的10%。

第九章　政府采购计划执行和信息统计

一、业务要求

各中央预算单位开展的所有政府采购项目执行情况均应进行信息统计，包括因疫情、重大灾害等原因开展的紧急采购均应在备案政府采购合同时录入相关统计信息，完整编报信息统计报表，并对数据进行统计分析，以数据来描述和揭示政府采购的特征和变化规律，真实反映政府采购执行情况，为加强和改进政府采购管理提供依据，为相关决策提供支持。2023 年增加政府购买服务支出统计事项，预算单位应在录入合同信息时，按政府购买服务相关规定，在相应的服务项目中确认购买服务标识，并录入承接主体类型信息，由系统自动生成按服务领域和承接主体统计的政府购买服务支出情况表。具体包括关于公开面向中小企业预留份额执行情况、关于政府采购合同备案，以及关于政府采购项目履约验收等。

（一）关于公开面向中小企业预留份额执行情况

各主管预算单位应当按照财政部、工业和信息化部《关于印发〈政府采购促进中小企业发展管理办法〉的通知》（财库〔2020〕46 号）的有关规定，于 2024 年 3 月底前在中国政府采购网中央主网站公开 2023 年预留项目执行情况。

（二）关于政府采购合同备案

各中央预算单位应当在政府采购合同（含简式合同和具有合同性质的凭证、订单）签订后，在一体化系统采购模块“当年政府采购合同”栏目中录入合同信息，包括基本信息、供应商收款信息以及付款信息等，并在 7 个工作日内报财政部备案，上传合同影印件或电子文件，录入的合同信息作为资金支付的辅助控制依据。对于采购合同中含多种产品需要逐条录入的，可采用合同标准模板录入信息，批量导入一体化系统采购模块，提高合同备案录入效率。

（三）关于政府采购项目履约验收

各中央预算单位完成对政府采购项目供应商履约情况的验收后，应当在一体化系统采购模块中选取已备案的政府采购合同，录入履约验收结果信息，作为资金支付、资产登记的重要依据。

二、业务规范

（一）政府采购执行数据录入。政府采购执行情况填报是政府采购信息统计的基础，其完整性、准确性在一定程度上决定了政府采购统计信息利用的有效性，具体分为“按照采购申请填报”和“按照合同公告填报”，通过“采购申请执行情况管理”模块进行操作。已完成合同公告的项目，应选择“按照合同公告填报”。通过这种方式进行操作，需在系统中勾稽已公告的合同信息，及公告合同关联的已备案的政府采购计划和委托的采购代理机构，可减少信息的重复录入，同时也提高了信息公开和统计的完整性。

（二）政府采购执行备案。在完成采购执行备案程序的基础上，通过“信息统计管理”模块进行操作季度、年度报表的生成和上报。

政府采购执行情况的填报是政府采购信息统计的基础，其完整性、准确性在一定程度上决定了政府采购统计信息利用的有效性。在思考如何保证政府采购统计信息的完整性和准确性的同时，更需要关注对政府采购统计信息的利用，将有助于以数据为导向，了解采购活动开展情况，锁定管理重点。

三、业务流程

以下按照政府采购计划管理系统要求填报流程介绍政府采购计划执行和信息统计，以后将按照财政部要求在中央预算一体化系统中操作。

（一）登录中国政府采购网（www. ccgp. gov. cn），点击“政府采购计划管理系统”模块，进入相关页面，进行 CA 登录，如图 9-1 所示。

图 9-1　政府采购计划管理系统登陆入口示意图

（二）点击“采购申请执行情况管理”，选择对应季度，如图 9-2 所示。

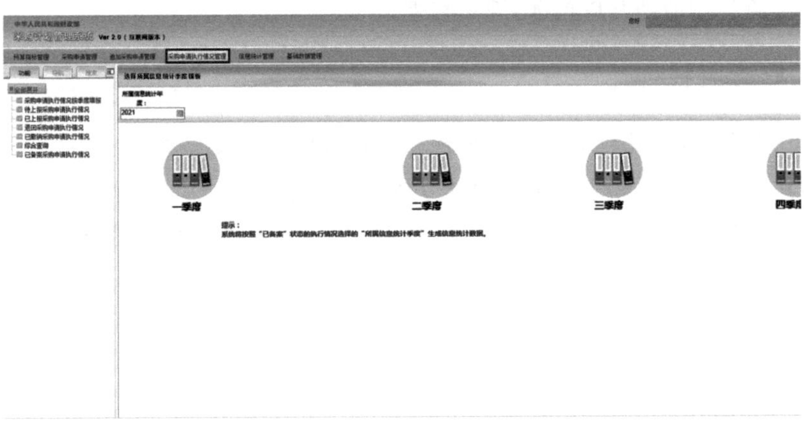

图 9-2　政府采购计划管理系统采购申请执行情况入口示意图

（三）点击“增加”按钮，选择“按照合同公告填报”，如图 9-3 所示。

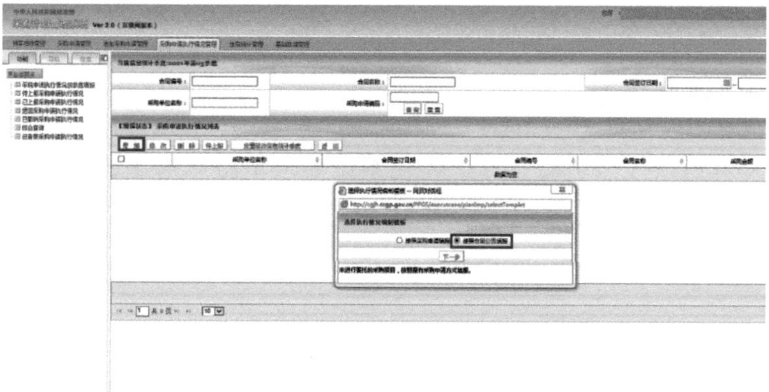

图 9-3　按照合同公告填报执行情况入口示意图

（四）点击“增加”按钮，弹出合同公告列表，选择对应合同，进行执行填报，如图 9-4 所示。

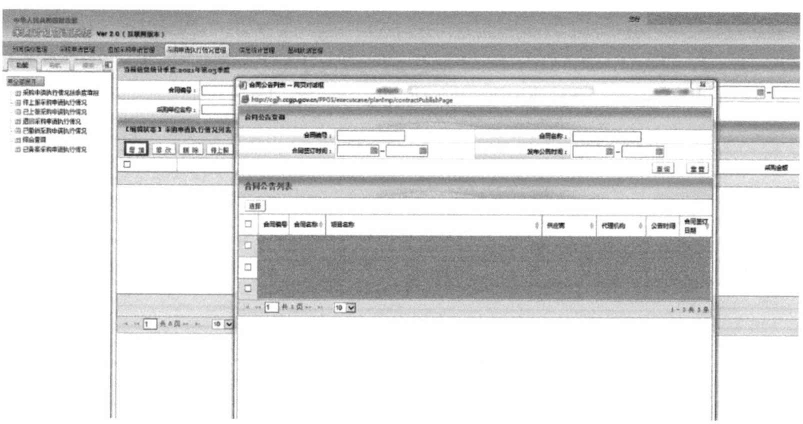

图 9-4　按照合同公告填报执行情况示意图

（五）在完成采购执行备案程序的基础上，通过“信息统计管理”模块进行操作季度、年度报表的生成和上报。

四、主要依据

（一）《财政部关于中央预算单位 2023 年政府采购计划和信息统计编报工作的通知》。

（二）填报政府采购计划执行情况是气象部门政府采购工作的主要环节之一，各级预算单位根据政府采购活动的实际开展情况，填报政府采购执行，逐级审核，报送财政部备案。

五、主要风险提示

2023 年开始须按照中央预算一体化系统要求填报政府采购计划执行和信息统计。

第十章　政府采购项目归档管理

一、业务要求

对政府采购项目每项采购活动的文件、资料，应当妥善保存，不得伪造、变造、隐匿或者销毁。采购档案的保存期限为从采购结束之日起至少保存15年。

二、业务规范

政府采购项目档案包括项目开标前文件资料、项目开标文件资料、项目评审文件资料、项目中标（成交）和履约文件资料、其他文件资料。采购档案可以用电子档案方式保存。

（一）政府采购项目档案资料

1. 项目开标前文件资料。政府采购项目立项批复资料或说明，资料或说明中应包含项目类别、名称、预算金额等；采购需求文件及资料；采购方案形成、确定记录及资料；按规定履行报批的批复文件；委托采购代理机构的委托代理协议及资料；征求社会公众、供应商或专家的意见；招标文件、询价通知书、竞争性谈判文件、竞争性磋商文件、单一来源采购文件等相关文件；要求公告在指定媒体上公告的相关网页页面打印件；更正、变更的更正、变更文件；推进或邀请供应商的推进、邀请情况资料；供应商领取采购文件的领取采购文件记录；资格预审的预审记录。

2. 项目开标评标文件资料。参与采购供应商登记记录，以及评审人员、工作人员等签到记录；投标文件（响应文件）正本、开标一览表（报价表）等资料；收取投标文件（响应文件）、保证金的记录；评审专家抽取记录；评审（协商）记录；评标（评审）记录。

3. 项目中标（成交）和履约文件资料。评审结果呈报表；采购结果公告（中标/成交或废标公告）；中标（成交）通知书；合同（协议）及补充（备忘）等资料。

4. 其他文件资料。评审委员会答疑材料；供应商质疑材料、处理过程记录及答复;供应商投诉书、投诉处理有关文书、投诉处理决定;电子介质资料;其他与采购项目相关的需要存档的资料。

(二)政府采购项目档案归档要求

1. 政府采购档案的归档包括文件和资料的收集、整理、目录编制、立卷、移交等。

2. 政府采购档案资料收集应当及时,妥善保存。在合同签署后及时立卷,按照采购工作流程及采购文件自然形成的时间顺序排列,按序编制目录。

3. 政府采购合同履行、验收文档,可以由负责验收的部门另行立卷。合同付款文档,可以由财务部门按照有关规定另行立卷。

4. 政府采购档案资料按照档案管理规定及时移交档案管理部门,档案管理部门按照有关规定对政府采购档案实现保管、使用、销毁等。

三、业务流程

政府采购档案管理流程如图 10-1 所示,政府采购项目活动环节产生的文件、资料经过收集、整理、编序、装订后,交由档案管理部门保管。

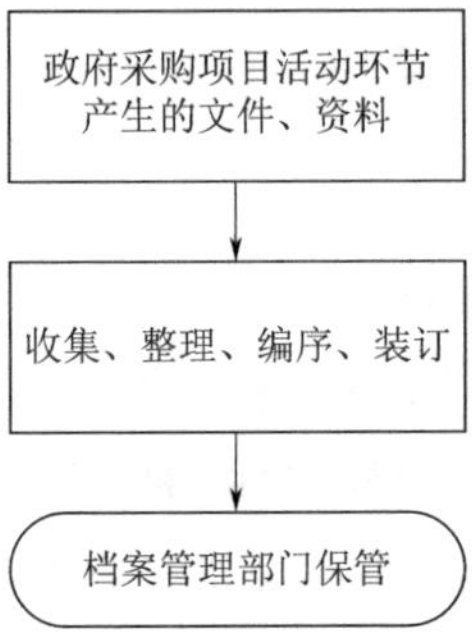

图 10-1 政府采购档案管理流程示意图

四、主要依据

(一)《中华人民共和国政府采购法》。

(二)《中华人民共和国民法典》。

(三)《中华人民共和国政府采购法实施条例》。

(四)《政府采购货物和服务招标投标管理办法》(财政部令第 87 号)。

(五)《政府采购非招标采购方式管理办法》(财政部令第 74 号)。

五、主要风险提示

（一）隐匿、销毁、伪造、变造采购文件、资料。

（二）未按规定收集、整理、归档政府采购档案。

（三）政府采购档案不完整。

（四）未按规定期限妥善保存政府采购档案。

（五）未按规定销毁政府采购档案。

附录　政府采购主要法律法规

中华人民共和国政府采购法

第一章　总则

第一条　为了规范政府采购行为，提高政府采购资金的使用效益，维护国家利益和社会公共利益，保护政府采购当事人的合法权益，促进廉政建设，制定本法。

第二条　在中华人民共和国境内进行的政府采购适用本法。

本法所称政府采购，是指各级国家机关、事业单位和团体组织，使用财政性资金采购依法制定的集中采购目录以内的或者采购限额标准以上的货物、工程和服务的行为。

政府集中采购目录和采购限额标准依照本法规定的权限制定。

本法所称采购，是指以合同方式有偿取得货物、工程和服务的行为，包括购买、租赁、委托、雇用等。

本法所称货物，是指各种形态和种类的物品，包括原材料、燃料、设备、产品等。

本法所称工程，是指建设工程，包括建筑物和构筑物的新建、改建、扩建、装修、拆除、修缮等。

本法所称服务，是指除货物和工程以外的其他政府采购对象。

第三条　政府采购应当遵循公开透明原则、公平竞争原则、公正原则和诚实信用原则。

第四条　政府采购工程进行招标投标的，适用招标投标法。

第五条　任何单位和个人不得采用任何方式，阻挠和限制供应商自由进入本地区和本行业的政府采购市场。

第六条　政府采购应当严格按照批准的预算执行。

第七条　政府采购实行集中采购和分散采购相结合。集中采购的范围由省级以上人民政府公布的集中采购目录确定。

属于中央预算的政府采购项目，其集中采购目录由国务院确定并公布；属于地方预算的政府采购项目，其集中采购目录由省、自治区、直辖市人民政府或者其授权的机构确定并公布。

纳入集中采购目录的政府采购项目，应当实行集中采购。

第八条　政府采购限额标准，属于中央预算的政府采购项目，由国务院确定并公布；属于地方预算的政府采购项目，由省、自治区、直辖市人民政府或者其授权的机构确定并公布。

第九条　政府采购应当有助于实现国家的经济和社会发展政策目标，包括保护环境，扶持不发达地区和少数民族地区，促进中小企业发展等。

第十条　政府采购应当采购本国货物、工程和服务。但有下列情形之一的除外：

（一）需要采购的货物、工程或者服务在中国境内无法获取或者无法以合理的商业条件获取的；

（二）为在中国境外使用而进行采购的；

（三）其他法律、行政法规另有规定的。

前款所称本国货物、工程和服务的界定，依照国务院有关规定执行。

第十一条　政府采购的信息应当在政府采购监督管理部门指定的媒体上及时向社会公开发布，但涉及商业秘密的除外。

第十二条　在政府采购活动中，采购人员及相关人员与供应商有利害关系的，必须回避。供应商认为采购人员及相关人员与其他供应商有利害关系的，可以申请其回避。

前款所称相关人员，包括招标采购中评标委员会的组成人员，竞争性谈判采购中谈判小组的组成人员，询价采购中询价小组的组成人员等。

第十三条　各级人民政府财政部门是负责政府采购监督管理的部门，依法履行对政府采购活动的监督管理职责。

各级人民政府其他有关部门依法履行与政府采购活动有关的监督管理职责。

第二章　政府采购当事人

第十四条　政府采购当事人是指在政府采购活动中享有权利和承担义务的各类主体，包括采购人、供应商和采购代理机构等。

第十五条　采购人是指依法进行政府采购的国家机关、事业单位、团体组织。

第十六条　集中采购机构为采购代理机构。设区的市、自治州以上人民政府根据本级政府采购项目组织集中采购的需要设立集中采购机构。

集中采购机构是非营利事业法人，根据采购人的委托办理采购事宜。

第十七条　集中采购机构进行政府采购活动，应当符合采购价格低于市场平均价格、采购效率更高、采购质量优良和服务良好的要求。

第十八条　采购人采购纳入集中采购目录的政府采购项目，必须委托集中采购机构代理采购；采购未纳入集中采购目录的政府采购项目，可以自行采购，也可以委托集中采购机构在委托的范围内代理采购。

纳入集中采购目录属于通用的政府采购项目的，应当委托集中采购机构代理采购；属于本部门、本系统有特殊要求的项目，应当实行部门集中采购；属于本单位有特殊要求的项目，经省级以上人民政府批准，可以自行采购。

第十九条　采购人可以委托集中采购机构以外的采购代理机构，在委托的范围内办理政府采购事宜。

采购人有权自行选择采购代理机构，任何单位和个人不得以任何方式为采购人指定采购代理机构。

第二十条　采购人依法委托采购代理机构办理采购事宜的，应当由采购人与采购代理机构签订委托代理协议，依法确定委托代理的事项，约定双方的权利义务。

第二十一条　供应商是指向采购人提供货物、工程或者服务的法人、其他组织或者自然人。

第二十二条　供应商参加政府采购活动应当具备下列条件：

（一）具有独立承担民事责任的能力；

（二）具有良好的商业信誉和健全的财务会计制度；

（三）具有履行合同所必需的设备和专业技术能力；

（四）有依法缴纳税收和社会保障资金的良好记录；

（五）参加政府采购活动前三年内，在经营活动中没有重大违法记录；

（六）法律、行政法规规定的其他条件。

采购人可以根据采购项目的特殊要求，规定供应商的特定条件，但不得以不合理的条件对供应商实行差别待遇或者歧视待遇。

第二十三条　采购人可以要求参加政府采购的供应商提供有关资质证明文件和业绩情况，并根据本法规定的供应商条件和采购项目对供应商的特定要求，对供应商的资格进行审查。

第二十四条　两个以上的自然人、法人或者其他组织可以组成一个联合体，以一个供应商的身份共同参加政府采购。

以联合体形式进行政府采购的，参加联合体的供应商均应当具备本法第二十二条规定的条件，并应当向采购人提交联合协议，载明联合体各方承担的工作和义务。联合体各方应当共同与采购人签订采购合同，就采购合同约定的事项对采购人承担连带责任。

第二十五条　政府采购当事人不得相互串通损害国家利益、社会公共利益和其他当事人的合法权益；不得以任何手段排斥其他供应商参与竞争。

供应商不得以向采购人、采购代理机构、评标委员会的组成人员、竞争性谈判小组的组成人员、询价小组的组成人员行贿或者采取其他不正当手段谋取中标或者成交。

采购代理机构不得以向采购人行贿或者采取其他不正当手段谋取非法利益。

第三章　政府采购方式

第二十六条　政府采购采用以下方式：

（一）公开招标；

（二）邀请招标；

（三）竞争性谈判；

（四）单一来源采购；

（五）询价；

（六）国务院政府采购监督管理部门认定的其他采购方式。

公开招标应作为政府采购的主要采购方式。

第二十七条　采购人采购货物或者服务应当采用公开招标方式的，其具体数额标准，属于中央预算的政府采购项目，由国务院规定；属于地方预算的政府采购项目，由省、自治区、直辖市人民政府规定；因特殊情况需要采用公开招标以外的采购方式的，应当在采购活动开始前获得设区的市、自治州以上人民政府采购监督管理部门的批准。

第二十八条　采购人不得将应当以公开招标方式采购的货物或者服务化整为零或者以其他任何方式规避公开招标采购。

第二十九条　符合下列情形之一的货物或者服务，可以依照本法采用邀请招标方式采购：

（一）具有特殊性，只能从有限范围的供应商处采购的；

（二）采用公开招标方式的费用占政府采购项目总价值的比例过大的。

第三十条　符合下列情形之一的货物或者服务，可以依照本法采用竞争性谈判方式采购：

（一）招标后没有供应商投标或者没有合格标的或者重新招标未能成立的；

（二）技术复杂或者性质特殊，不能确定详细规格或者具体要求的；

（三）采用招标所需时间不能满足用户紧急需要的；

（四）不能事先计算出价格总额的。

第三十一条　符合下列情形之一的货物或者服务，可以依照本法采用单一来源方式采购：

（一）只能从唯一供应商处采购的；

（二）发生了不可预见的紧急情况不能从其他供应商处采购的；

（三）必须保证原有采购项目一致性或者服务配套的要求，需要继续从原供应商处添购，且添购资金总额不超过原合同采购金额百分之十的。

第三十二条　采购的货物规格、标准统一、现货货源充足且价格变化幅度小的政府采购项目，可以依照本法采用询价方式采购。

第四章　政府采购程序

第三十三条　负有编制部门预算职责的部门在编制下一财政年度部门预算时，应当将该财政年度政府采购的项目及资金预算列出，报本级财政部门汇总。部门预算的审批，按预算管理权限和程序进行。

第三十四条　货物或者服务项目采取邀请招标方式采购的，采购人应当从符合相应资格条件的供应商中，通过随机方式选择三家以上的供应商，并向其发出投标邀请书。

第三十五条　货物和服务项目实行招标方式采购的，自招标文件开始发出之日起至投标人提交投标文件截止之日止，不得少于二十日。

第三十六条　在招标采购中，出现下列情形之一的，应予废标：

（一）符合专业条件的供应商或者对招标文件作实质响应的供应商不足三家的；

（二）出现影响采购公正的违法、违规行为的；

（三）投标人的报价均超过了采购预算，采购人不能支付的；

（四）因重大变故，采购任务取消的。

废标后，采购人应当将废标理由通知所有投标人。

第三十七条　废标后，除采购任务取消情形外，应当重新组织招标；需要采取其他方式采购的，应当在采购活动开始前获得设区的市、自治州以上人民政府采购监督管理部门或者政府有关部门批准。

第三十八条　采用竞争性谈判方式采购的，应当遵循下列程序：

（一）成立谈判小组。谈判小组由采购人的代表和有关专家共三人以上的单数组成，其中专家的人数不得少于成员总数的三分之二。

（二）制定谈判文件。谈判文件应当明确谈判程序、谈判内容、合同草案的条款以及评定成交的标准等事项。

（三）确定邀请参加谈判的供应商名单。谈判小组从符合相应资格条件的供应商名单中确定不少于三家的供应商参加谈判，并向其提供谈判文件。

（四）谈判。谈判小组所有成员集中与单一供应商分别进行谈判。在谈判中，谈判的任何一方不得透露与谈判有关的其他供应商的技术资料、价格和其他信息。谈判文件有实质性变动的，谈判小组应当以书面形式通知所有参加谈判的供应商。

（五）确定成交供应商。谈判结束后，谈判小组应当要求所有参加谈判的供应商在规定时间内进行最后报价，采购人从谈判小组提出的成交候选人中根据符合采购需求、质量和服务相等且报价最低的原则确定成交供应商，并将结果通知所有参加谈判的未成交的供应商。

第三十九条　采取单一来源方式采购的，采购人与供应商应当遵循本法规定的原则，在保证采购项目质量和双方商定合理价格的基础上进行采购。

第四十条　采取询价方式采购的，应当遵循下列程序：

（一）成立询价小组。询价小组由采购人的代表和有关专家共三人以上的单数组成，其中专家的人数不得少于成员总数的三分之二。询价小组应当对采购项目的价格构成和评定成交的标准等事项作出规定。

（二）确定被询价的供应商名单。询价小组根据采购需求，从符合相应资格条件的供应商名单中确定不少于三家的供应商，并向其发出询价通知书让其报价。

（三）询价。询价小组要求被询价的供应商一次报出不得更改的价格。

（四）确定成交供应商。采购人根据符合采购需求、质量和服务相等且报价最低的原则确定成交供应商，并将结果通知所有被询价的未成交的供应商。

第四十一条　采购人或者其委托的采购代理机构应当组织对供应商履约的验收。大型或者复杂的政府采购项目，应当邀请国家认可的质量检测机构参加验收工作。验收方成员应当在验收书上签字，并承担相应的法律责任。

第四十二条　采购人、采购代理机构对政府采购项目每项采购活动的采购文件应当妥善保存，不得伪造、变造、隐匿或者销毁。采购文件的保存期限为从采购结束之日起至少保存十五年。

采购文件包括采购活动记录、采购预算、招标文件、投标文件、评标标准、评估报告、定标文件、合同文本、验收证明、质疑答复、投诉处理决定及其他有关文件、资料。

采购活动记录至少应当包括下列内容：

（一）采购项目类别、名称；

（二）采购项目预算、资金构成和合同价格；

（三）采购方式，采用公开招标以外的采购方式的，应当载明原因；

（四）邀请和选择供应商的条件及原因；

（五）评标标准及确定中标人的原因；

（六）废标的原因；

（七）采用招标以外采购方式的相应记载。

第五章　政府采购合同

第四十三条　政府采购合同适用合同法。采购人和供应商之间的权利和义务，应当按照平等、自愿的原则以合同方式约定。

采购人可以委托采购代理机构代表其与供应商签订政府采购合同。由采购代理机构以采购人名义签订合同的，应当提交采购人的授权委托书，作为合同附件。

第四十四条　政府采购合同应当采用书面形式。

第四十五条　国务院政府采购监督管理部门应当会同国务院有关部门，规定政府采购合同必须具备的条款。

第四十六条　采购人与中标、成交供应商应当在中标、成交通知书发出之日起三十日内，按照采购文件确定的事项签订政府采购合同。

中标、成交通知书对采购人和中标、成交供应商均具有法律效力。中标、成交通知书发出后，采购人改变中标、成交结果的，或者中标、成交供应商放弃中标、成交项目的，应当依法承担法律责任。

第四十七条　政府采购项目的采购合同自签订之日起七个工作日内，采购人应当将合同副本报同级政府采购监督管理部门和有关部门备案。

第四十八条　经采购人同意，中标、成交供应商可以依法采取分包方式履行合同。

政府采购合同分包履行的，中标、成交供应商就采购项目和分包项目向采购人负责，分包供应商就分包项目承担责任。

第四十九条　政府采购合同履行中，采购人需追加与合同标的相同的货物、工程或者服务的，在不改变合同其他条款的前提下，可以与供应商协商签订补充合同，但所有补充合同的采购金额不得超过原合同采购金额的百分之十。

第五十条　政府采购合同的双方当事人不得擅自变更、中止或者终止合同。

政府采购合同继续履行将损害国家利益和社会公共利益的，双方当事人应当变更、中止或者终止合同。有过错的一方应当承担赔偿责任，双方都有过错的，各自承担相应的责任。

第六章　质疑与投诉

第五十一条　供应商对政府采购活动事项有疑问的，可以向采购人提出询问，采购人应当及时作出答复，但答复的内容不得涉及商业秘密。

第五十二条　供应商认为采购文件、采购过程和中标、成交结果使自己的权益受到损害的，可以在知道或者应知其权益受到损害之日起七个工作日内，以书面形式向采购人提出质疑。

第五十三条　采购人应当在收到供应商的书面质疑后七个工作日内作出答复，并以书面形式通知质疑供应商和其他有关供应商，但答复的内容不得涉及商业秘密。

第五十四条　采购人委托采购代理机构采购的，供应商可以向采购代理机构提出询问或者质疑，采购代理机构应当依照本法第五十一条、第五十三条的规定就采购人委托授权范围内的事项作出答复。

第五十五条　质疑供应商对采购人、采购代理机构的答复不满意或者采购人、采购代理机构未在规定的时间内作出答复的，可以在答复期满后十五个工作日内向同级政府采购监督管理部门投诉。

第五十六条　政府采购监督管理部门应当在收到投诉后三十个工作日内，对投诉事项作出处理决定，并以书面形式通知投诉人和与投诉事项有关的当事人。

第五十七条　政府采购监督管理部门在处理投诉事项期间，可以视具体情况书面通知采购人暂停采购活动，但暂停时间最长不得超过三十日。

第五十八条　投诉人对政府采购监督管理部门的投诉处理决定不服或者政府采购监督管理部门逾期未作处理的，可以依法申请行政复议或者向人民法院提起行政诉讼。

第七章　监督检查

第五十九条　政府采购监督管理部门应当加强对政府采购活动及集中采购机构的监督检查。

监督检查的主要内容是：

（一）有关政府采购的法律、行政法规和规章的执行情况；

（二）采购范围、采购方式和采购程序的执行情况；

（三）政府采购人员的职业素质和专业技能。

第六十条　政府采购监督管理部门不得设置集中采购机构，不得参与政府采购项目的采购活动。

采购代理机构与行政机关不得存在隶属关系或者其他利益关系。

第六十一条　集中采购机构应当建立健全内部监督管理制度。采购活动的决策和执行程序应当明确，并相互监督、相互制约。经办采购的人员与负责采购合同审核、验收人员的职责权限应当明确，并相互分离。

第六十二条　集中采购机构的采购人员应当具有相关职业素质和专业技能，符合政府采购监督管理部门规定的专业岗位任职要求。

集中采购机构对其工作人员应当加强教育和培训；对采购人员的专业水平、工作实绩和职业道德状况定期进行考核。采购人员经考核不合格的，不得继续任职。

第六十三条　政府采购项目的采购标准应当公开。

采用本法规定的采购方式的，采购人在采购活动完成后，应当将采购结果予以公布。

第六十四条　采购人必须按照本法规定的采购方式和采购程序进行采购。

任何单位和个人不得违反本法规定，要求采购人或者采购工作人员向其指定的供应商进行采购。

第六十五条　政府采购监督管理部门应当对政府采购项目的采购活动进行检查，政府采购当事人应当如实反映情况，提供有关材料。

第六十六条　政府采购监督管理部门应当对集中采购机构的采购价格、节约资金效果、服务质量、信誉状况、有无违法行为等事项进行考核，并定期如实公布考核结果。

第六十七条　依照法律、行政法规的规定对政府采购负有行政监督职责的政府有关部门，应当按照其职责分工，加强对政府采购活动的监督。

第六十八条　审计机关应当对政府采购进行审计监督。政府采购监督管理部门、政府采购各当事人有关政府采购活动，应当接受审计机关的审计监督。

第六十九条　监察机关应当加强对参与政府采购活动的国家机关、国家公务员和国家行政机关任命的其他人员实施监察。

第七十条　任何单位和个人对政府采购活动中的违法行为，有权控告和检举，有关部门、机关应当依照各自职责及时处理。

第八章　法律责任

第七十一条　采购人、采购代理机构有下列情形之一的，责令限期改正，给予警告，可以并处罚款，对直接负责的主管人员和其他直接责任人员，由其行政主管部门或者有关机关给予处分，并予通报：

（一）应当采用公开招标方式而擅自采用其他方式采购的；

（二）擅自提高采购标准的；

（三）以不合理的条件对供应商实行差别待遇或者歧视待遇的；

（四）在招标采购过程中与投标人进行协商谈判的；

（五）中标、成交通知书发出后不与中标、成交供应商签订采购合同的；

（六）拒绝有关部门依法实施监督检查的。

第七十二条　采购人、采购代理机构及其工作人员有下列情形之一，构成犯罪的，依法追究刑事责任；尚不构成犯罪的，处以罚款，有违法所得的，并处没收违法所得，属于国家机关工作人员的，依法给予行政处分：

（一）与供应商或者采购代理机构恶意串通的；

（二）在采购过程中接受贿赂或者获取其他不正当利益的；

（三）在有关部门依法实施的监督检查中提供虚假情况的；

（四）开标前泄露标底的。

第七十三条　有前两条违法行为之一影响中标、成交结果或者可能影响中标、成交结果的，按下列情况分别处理：

（一）未确定中标、成交供应商的，终止采购活动；

（二）中标、成交供应商已经确定但采购合同尚未履行的，撤销合同，从合格的中标、成交候选人中另行确定中标、成交供应商；

（三）采购合同已经履行的，给采购人、供应商造成损失的，由责任人承担赔偿责任。

第七十四条　采购人对应当实行集中采购的政府采购项目，不委托集中采购机构实行集中采购的，由政府采购监督管理部门责令改正；拒不改正的，停止按预算向其支付资金，由其上级行政主管部门或者有关机关依法给予其直接负责的主管人员和其他直接责任人员处分。

第七十五条　采购人未依法公布政府采购项目的采购标准和采购结果的，责令改正，对直接负责的主管人员依法给予处分。

第七十六条　采购人、采购代理机构违反本法规定隐匿、销毁应当保存的采购文件或者伪造、变造采购文件的，由政府采购监督管理部门处以二万元以上十万元以下的罚款，对其直接负责的主管人员和其他直接责任人员依法给予处分；构成犯罪的，依法追究刑事责任。

第七十七条　供应商有下列情形之一的，处以采购金额千分之五以上千分之十以下的罚款，列入不良行为记录名单，在一至三年内禁止参加政府采购活动，有违法所得的，并处没收违法所得，情节严重的，由工商行政管理机关吊销营业执照；构成犯罪的，依法追究刑事责任：

（一）提供虚假材料谋取中标、成交的；

（二）采取不正当手段诋毁、排挤其他供应商的；

（三）与采购人、其他供应商或者采购代理机构恶意串通的；

（四）向采购人、采购代理机构行贿或者提供其他不正当利益的；

（五）在招标采购过程中与采购人进行协商谈判的；

（六）拒绝有关部门监督检查或者提供虚假情况的。

供应商有前款第（一）至（五）项情形之一的，中标、成交无效。

第七十八条　采购代理机构在代理政府采购业务中有违法行为的，按照有关法律规定处以罚款，可以在一至三年内禁止其代理政府采购业务，构成犯罪的，依法追究刑事责任。

第七十九条　政府采购当事人有本法第七十一条、第七十二条、第七十七条违法行为之一，给他人造成损失的，并应依照有关民事法律规定承担民事责任。

第八十条　政府采购监督管理部门的工作人员在实施监督检查中违反本法规定滥用职权，玩忽职守，徇私舞弊的，依法给予行政处分；构成犯罪的，依法追究刑事责任。

第八十一条　政府采购监督管理部门对供应商的投诉逾期未作处理的，给予直接负责的主管人员和其他直接责任人员行政处分。

第八十二条　政府采购监督管理部门对集中采购机构业绩的考核，有虚假陈述，隐瞒真实情况的，或者不作定期考核和公布考核结果的，应当及时纠正，由其上级机关或者监察机关对其负责人进行通报，并对直接负责的人员依法给予行政处分。

集中采购机构在政府采购监督管理部门考核中，虚报业绩，隐瞒真实情况的，处以二万元以上二十万元以下的罚款，并予以通报；情节严重的，取消其代理采购的资格。

第八十三条　任何单位或者个人阻挠和限制供应商进入本地区或者本行业政府采购市场的，责令限期改正；拒不改正的，由该单位、个人的上级行政主管部门或者有关机关给予单位责任人或者个人处分。

第九章　附则

第八十四条　使用国际组织和外国政府贷款进行的政府采购，贷款方、资金提供方与中方达成的协议对采购的具体条件另有规定的，可以适用其规定，但不得损害国家利益和社会公共利益。

第八十五条　对因严重自然灾害和其他不可抗力事件所实施的紧急采购和涉及国家安全和秘密的采购，不适用本法。

第八十六条　军事采购法规由中央军事委员会另行制定。

第八十七条　本法实施的具体步骤和办法由国务院规定。

第八十八条　本法自 2003 年 1 月 1 日起施行。

中华人民共和国政府采购法实施条例

第一章　总则

第一条　根据《中华人民共和国政府采购法》(以下简称政府采购法)，制定本条例。

第二条　政府采购法第二条所称财政性资金是指纳入预算管理的资金。

以财政性资金作为还款来源的借贷资金，视同财政性资金。

国家机关、事业单位和团体组织的采购项目既使用财政性资金又使用非财政性资金的，使用财政性资金采购的部分，适用政府采购法及本条例；财政性资金与非财政性资金无法分割采购的，统一适用政府采购法及本条例。

政府采购法第二条所称服务，包括政府自身需要的服务和政府向社会公众提供的公共服务。

第三条　集中采购目录包括集中采购机构采购项目和部门集中采购项目。

技术、服务等标准统一，采购人普遍使用的项目，列为集中采购机构采购项目；采购人本部门、本系统基于业务需要有特殊要求，可以统一采购的项目，列为部门集中采购项目。

第四条　政府采购法所称集中采购，是指采购人将列入集中采购目录的项目委托集中采购机构代理采购或者进行部门集中采购的行为；所称分散采购，是指采购人将采购限额标准以上的未列入集中采购目录的项目自行采购或者委托采购代理机构代理采购的行为。

第五条　省、自治区、直辖市人民政府或者其授权的机构根据实际情况，可以确定分别适用于本行政区域省级、设区的市级、县级的集中采购目录和采购限额标准。

第六条　国务院财政部门应当根据国家的经济和社会发展政策，会同国务院有关部门制定政府采购政策，通过制定采购需求标准、预留采购份额、价格评审优惠、优先采购等措施，实现节约能源、保护环境、扶持不发达地区和少数民族地区、促进中小企业发展等目标。

第七条　政府采购工程以及与工程建设有关的货物、服务，采用招标方式采购的，适用《中华人民共和国招标投标法》及其实施条例；采用其他方式采购的，适用政府采购法及本条例。

前款所称工程，是指建设工程，包括建筑物和构筑物的新建、改建、扩建及其相关的装修、拆除、修缮等；所称与工程建设有关的货物，是指构成工程不可分割的组成部分，且为实现工程基本功能所必需的设备、材料等；所称与工程建设有关的服务，是指为完成工程所需的勘察、设计、监理等服务。

政府采购工程以及与工程建设有关的货物、服务，应当执行政府采购政策。

第八条　政府采购项目信息应当在省级以上人民政府财政部门指定的媒体上发布。采购项目预算金额达到国务院财政部门规定标准的，政府采购项目信息应当在国务院财政部门指定的媒体上发布。

第九条　在政府采购活动中，采购人员及相关人员与供应商有下列利害关系之一的，应当回避：

（一）参加采购活动前 3 年内与供应商存在劳动关系；

（二）参加采购活动前 3 年内担任供应商的董事、监事；

（三）参加采购活动前 3 年内是供应商的控股股东或者实际控制人；

（四）与供应商的法定代表人或者负责人有夫妻、直系血亲、三代以内旁系血亲或者近姻亲关系；

（五）与供应商有其他可能影响政府采购活动公平、公正进行的关系。

供应商认为采购人员及相关人员与其他供应商有利害关系的，可以向采购人或者采购代理机构书面提出回避申请，并说明理由。采购人或者采购代理机构应当及时询问被申请回避人员，有利害关系的被申请回避人员应当回避。

第十条　国家实行统一的政府采购电子交易平台建设标准，推动利用信息网络进行电子化政府采购活动。

第二章　政府采购当事人

第十一条　采购人在政府采购活动中应当维护国家利益和社会公共利益，公正廉洁，诚实守信，执行政府采购政策，建立政府采购内部管理制度，厉行节约，科学合理确定采购需求。

采购人不得向供应商索要或者接受其给予的赠品、回扣或者与采购无关的其他商品、服务。

第十二条　政府采购法所称采购代理机构，是指集中采购机构和集中采购机构以外的采购代理机构。

集中采购机构是设区的市级以上人民政府依法设立的非营利事业法人，是代理集中采购项目的执行机构。集中采购机构应当根据采购人委托制定集中采购项目的实施方案，明确采购规程，组织政府采购活动，不得将集中采购项目转委托。集中采购机构以外的采购代理机构，是从事采购代理业务的社会中介机构。

第十三条　采购代理机构应当建立完善的政府采购内部监督管理制度，具备开展政府采购业务所需的评审条件和设施。

采购代理机构应当提高确定采购需求，编制招标文件、谈判文件、询价通知书，拟订合同文本和优化采购程序的专业化服务水平，根据采购人委托在规定的时间内及时组织采购人与中标或者成交供应商签订政府采购合同，及时协助采购人对采购项目进行验收。

第十四条　采购代理机构不得以不正当手段获取政府采购代理业务，不得与采购人、供应商恶意串通操纵政府采购活动。

采购代理机构工作人员不得接受采购人或者供应商组织的宴请、旅游、娱乐，不得收受礼品、现金、有价证券等，不得向采购人或者供应商报销应当由个人承担的费用。

第十五条　采购人、采购代理机构应当根据政府采购政策、采购预算、采购需求编制采购文件。

采购需求应当符合法律法规以及政府采购政策规定的技术、服务、安全等要求。政府向社会公众提供的公共服务项目，应当就确定采购需求征求社会公众的意见。除因技术复杂或者性质特殊，不能确定详细规格或者具体要求外，采购需求应当完整、明确。必要时，应当就确定采购需求征求相关供应商、专家的意见。

第十六条　政府采购法第二十条规定的委托代理协议，应当明确代理采购的范围、权限和期限等具体事项。

采购人和采购代理机构应当按照委托代理协议履行各自义务，采购代理机构不得超越代理权限。

第十七条　参加政府采购活动的供应商应当具备政府采购法第二十二条第一款规定的条件，提供下列材料：

（一）法人或者其他组织的营业执照等证明文件，自然人的身份证明；

（二）财务状况报告，依法缴纳税收和社会保障资金的相关材料；

（三）具备履行合同所必需的设备和专业技术能力的证明材料；

（四）参加政府采购活动前 3 年内在经营活动中没有重大违法记录的书面声明；

（五）具备法律、行政法规规定的其他条件的证明材料。

采购项目有特殊要求的，供应商还应当提供其符合特殊要求的证明材料或者情况说明。

第十八条　单位负责人为同一人或者存在直接控股、管理关系的不同供应商，不得参加同一合同项下的政府采购活动。

除单一来源采购项目外，为采购项目提供整体设计、规范编制或者项目管理、监理、检测等服务的供应商，不得再参加该采购项目的其他采购活动。

第十九条　政府采购法第二十二条第一款第五项所称重大违法记录，是指供应商因违法经营受到刑事处罚或者责令停产停业、吊销许可证或者执照、较大数额罚款等行政处罚。

供应商在参加政府采购活动前 3 年内因违法经营被禁止在一定期限内参加政府采购活动，期限届满的，可以参加政府采购活动。

第二十条　采购人或者采购代理机构有下列情形之一的，属于以不合理的条件对供应商实行差别待遇或者歧视待遇：

（一）就同一采购项目向供应商提供有差别的项目信息；

（二）设定的资格、技术、商务条件与采购项目的具体特点和实际需要不相适应或者与合同履行无关；

（三）采购需求中的技术、服务等要求指向特定供应商、特定产品；

（四）以特定行政区域或者特定行业的业绩、奖项作为加分条件或者中标、成交条件；

（五）对供应商采取不同的资格审查或者评审标准；

（六）限定或者指定特定的专利、商标、品牌或者供应商；

（七）非法限定供应商的所有制形式、组织形式或者所在地；

（八）以其他不合理条件限制或者排斥潜在供应商。

第二十一条　采购人或者采购代理机构对供应商进行资格预审的，资格预审公告应当在省级以上人民政府财政部门指定的媒体上发布。已进行资格预审的，评审阶段可以不再对供应商资格进行审查。资格预审合格的供应商在评审阶段资格发生变化的，应当通知采购人和采购代理机构。

资格预审公告应当包括采购人和采购项目名称、采购需求、对供应商的资格要求以及供应商提交资格预审申请文件的时间和地点。提交资格预审申请文件的时间自公告发布之日起不得少于 5 个工作日。

第二十二条　联合体中有同类资质的供应商按照联合体分工承担相同工作的，应当按照资质等级较低的供应商确定资质等级。

以联合体形式参加政府采购活动的，联合体各方不得再单独参加或者与其他供应商另外组成联合体参加同一合同项下的政府采购活动。

第三章　政府采购方式

第二十三条　采购人采购公开招标数额标准以上的货物或者服务，符合政府采购法第二十九条、第三十条、第三十一条、第三十二条规定情形或者有需要执行政府采购政策等特殊情况的，经设区的市级以上人民政府财政部门批准，可以依法采用公开招标以外的采购方式。

第二十四条　列入集中采购目录的项目，适合实行批量集中采购的，应当实行批量集中采购，但紧急的小额零星货物项目和有特殊要求的服务、工程项目除外。

第二十五条　政府采购工程依法不进行招标的，应当依照政府采购法和本条例规定的竞争性谈判或者单一来源采购方式采购。

第二十六条　政府采购法第三十条第三项规定的情形，应当是采购人不可预见的或者非因采购人拖延导致的；第四项规定的情形，是指因采购艺术品或者因专利、专有技术或者因服务的时间、数量事先不能确定等导致不能事先计算出价格总额。

第二十七条　政府采购法第三十一条第一项规定的情形，是指因货物或者服务使用不可替代的专利、专有技术，或者公共服务项目具有特殊要求，导致只能从某一特定供应商处采购。

第二十八条　在一个财政年度内，采购人将一个预算项目下的同一品目或者类别的货物、服务采用公开招标以外的方式多次采购，累计资金数额超过公开招标数额标准的，属于以化整为零方式规避公开招标，但项目预算调整或者经批准采用公开招标以外方式采购除外。

第四章 政府采购程序

第二十九条 采购人应当根据集中采购目录、采购限额标准和已批复的部门预算编制政府采购实施计划，报本级人民政府财政部门备案。

第三十条 采购人或者采购代理机构应当在招标文件、谈判文件、询价通知书中公开采购项目预算金额。

第三十一条 招标文件的提供期限自招标文件开始发出之日起不得少于5个工作日。

采购人或者采购代理机构可以对已发出的招标文件进行必要的澄清或者修改。澄清或者修改的内容可能影响投标文件编制的，采购人或者采购代理机构应当在投标截止时间至少15日前，以书面形式通知所有获取招标文件的潜在投标人；不足15日的，采购人或者采购代理机构应当顺延提交投标文件的截止时间。

第三十二条 采购人或者采购代理机构应当按照国务院财政部门制定的招标文件标准文本编制招标文件。

招标文件应当包括采购项目的商务条件、采购需求、投标人的资格条件、投标报价要求、评标方法、评标标准以及拟签订的合同文本等。

第三十三条 招标文件要求投标人提交投标保证金的，投标保证金不得超过采购项目预算金额的2%。投标保证金应当以支票、汇票、本票或者金融机构、担保机构出具的保函等非现金形式提交。投标人未按照招标文件要求提交投标保证金的，投标无效。

采购人或者采购代理机构应当自中标通知书发出之日起5个工作日内退还未中标供应商的投标保证金，自政府采购合同签订之日起5个工作日内退还中标供应商的投标保证金。

竞争性谈判或者询价采购中要求参加谈判或者询价的供应商提交保证金的，参照前两款的规定执行。

第三十四条 政府采购招标评标方法分为最低评标价法和综合评分法。

最低评标价法，是指投标文件满足招标文件全部实质性要求且投标报价最低的供应商为中标候选人的评标方法。综合评分法，是指投标文件满足招标文件全部实质性要求且按照评审因素的量化指标评审得分最高的供应商为中标候选人的评标方法。

技术、服务等标准统一的货物和服务项目，应当采用最低评标价法。

采用综合评分法的，评审标准中的分值设置应当与评审因素的量化指标相对应。

招标文件中没有规定的评标标准不得作为评审的依据。

第三十五条　谈判文件不能完整、明确列明采购需求，需要由供应商提供最终设计方案或者解决方案的，在谈判结束后，谈判小组应当按照少数服从多数的原则投票推荐3家以上供应商的设计方案或者解决方案，并要求其在规定时间内提交最后报价。

第三十六条　询价通知书应当根据采购需求确定政府采购合同条款。在询价过程中，询价小组不得改变询价通知书所确定的政府采购合同条款。

第三十七条　政府采购法第三十八条第五项、第四十条第四项所称质量和服务相等，是指供应商提供的产品质量和服务均能满足采购文件规定的实质性要求。

第三十八条　达到公开招标数额标准，符合政府采购法第三十一条第一项规定情形，只能从唯一供应商处采购的，采购人应当将采购项目信息和唯一供应商名称在省级以上人民政府财政部门指定的媒体上公示，公示期不得少于5个工作日。

第三十九条　除国务院财政部门规定的情形外，采购人或者采购代理机构应当从政府采购评审专家库中随机抽取评审专家。

第四十条　政府采购评审专家应当遵守评审工作纪律，不得泄露评审文件、评审情况和评审中获悉的商业秘密。

评标委员会、竞争性谈判小组或者询价小组在评审过程中发现供应商有行贿、提供虚假材料或者串通等违法行为的，应当及时向财政部门报告。

政府采购评审专家在评审过程中受到非法干预的，应当及时向财政、监察等部门举报。

第四十一条　评标委员会、竞争性谈判小组或者询价小组成员应当按照客观、公正、审慎的原则，根据采购文件规定的评审程序、评审方法和评审标准进行独立评审。采购文件内容违反国家有关强制性规定的，评标委员会、竞争性谈判小组或者询价小组应当停止评审并向采购人或者采购代理机构说明情况。

评标委员会、竞争性谈判小组或者询价小组成员应当在评审报告上签字，对自己的评审意见承担法律责任。对评审报告有异议的，应当在评审报告上签署不同意见，并说明理由，否则视为同意评审报告。

第四十二条　采购人、采购代理机构不得向评标委员会、竞争性谈判小组或者询价小组的评审专家作倾向性、误导性的解释或者说明。

第四十三条　采购代理机构应当自评审结束之日起2个工作日内将评审报告送交采购人。采购人应当自收到评审报告之日起5个工作日内在评审报告推荐的中标或者成交候选人中按顺序确定中标或者成交供应商。

采购人或者采购代理机构应当自中标、成交供应商确定之日起 2 个工作日内，发出中标、成交通知书，并在省级以上人民政府财政部门指定的媒体上公告中标、成交结果，招标文件、竞争性谈判文件、询价通知书随中标、成交结果同时公告。

中标、成交结果公告内容应当包括采购人和采购代理机构的名称、地址、联系方式，项目名称和项目编号，中标或者成交供应商名称、地址和中标或者成交金额，主要中标或者成交标的的名称、规格型号、数量、单价、服务要求以及评审专家名单。

第四十四条　除国务院财政部门规定的情形外，采购人、采购代理机构不得以任何理由组织重新评审。采购人、采购代理机构按照国务院财政部门的规定组织重新评审的，应当书面报告本级人民政府财政部门。

采购人或者采购代理机构不得通过对样品进行检测、对供应商进行考察等方式改变评审结果。

第四十五条　采购人或者采购代理机构应当按照政府采购合同规定的技术、服务、安全标准组织对供应商履约情况进行验收，并出具验收书。验收书应当包括每一项技术、服务、安全标准的履约情况。

政府向社会公众提供的公共服务项目，验收时应当邀请服务对象参与并出具意见，验收结果应当向社会公告。

第四十六条　政府采购法第四十二条规定的采购文件，可以用电子档案方式保存。

第五章　政府采购合同

第四十七条　国务院财政部门应当会同国务院有关部门制定政府采购合同标准文本。

第四十八条　采购文件要求中标或者成交供应商提交履约保证金的，供应商应当以支票、汇票、本票或者金融机构、担保机构出具的保函等非现金形式提交。履约保证金的数额不得超过政府采购合同金额的 10%。

第四十九条　中标或者成交供应商拒绝与采购人签订合同的，采购人可以按照评审报告推荐的中标或者成交候选人名单排序，确定下一候选人为中标或者成交供应商，也可以重新开展政府采购活动。

第五十条　采购人应当自政府采购合同签订之日起 2 个工作日内，将政府采购合同在省级以上人民政府财政部门指定的媒体上公告，但政府采购合同中涉及国家秘密、商业秘密的内容除外。

第五十一条　采购人应当按照政府采购合同规定，及时向中标或者成交供应商支付采购资金。

政府采购项目资金支付程序，按照国家有关财政资金支付管理的规定执行。

第六章　质疑与投诉

第五十二条　采购人或者采购代理机构应当在3个工作日内对供应商依法提出的询问作出答复。

供应商提出的询问或者质疑超出采购人对采购代理机构委托授权范围的，采购代理机构应当告知供应商向采购人提出。

政府采购评审专家应当配合采购人或者采购代理机构答复供应商的询问和质疑。

第五十三条　政府采购法第五十二条规定的供应商应知其权益受到损害之日，是指：

（一）对可以质疑的采购文件提出质疑的，为收到采购文件之日或者采购文件公告期限届满之日；

（二）对采购过程提出质疑的，为各采购程序环节结束之日；

（三）对中标或者成交结果提出质疑的，为中标或者成交结果公告期限届满之日。

第五十四条　询问或者质疑事项可能影响中标、成交结果的，采购人应当暂停签订合同，已经签订合同的，应当中止履行合同。

第五十五条　供应商质疑、投诉应当有明确的请求和必要的证明材料。供应商投诉的事项不得超出已质疑事项的范围。

第五十六条　财政部门处理投诉事项采用书面审查的方式，必要时可以进行调查取证或者组织质证。

对财政部门依法进行的调查取证，投诉人和与投诉事项有关的当事人应当如实反映情况，并提供相关材料。

第五十七条　投诉人捏造事实、提供虚假材料或者以非法手段取得证明材料进行投诉的，财政部门应当予以驳回。

财政部门受理投诉后，投诉人书面申请撤回投诉的，财政部门应当终止投诉处理程序。

第五十八条　财政部门处理投诉事项，需要检验、检测、鉴定、专家评审以及需要投诉人补正材料的，所需时间不计算在投诉处理期限内。

财政部门对投诉事项作出的处理决定，应当在省级以上人民政府财政部门指定的媒体上公告。

第七章　监督检查

第五十九条　政府采购法第六十三条所称政府采购项目的采购标准，是指项目采购所依据的经费预算标准、资产配置标准和技术、服务标准等。

第六十条　除政府采购法第六十六条规定的考核事项外，财政部门对集中采购机构的考核事项还包括：

（一）政府采购政策的执行情况；

（二）采购文件编制水平；

（三）采购方式和采购程序的执行情况；

（四）询问、质疑答复情况；

（五）内部监督管理制度建设及执行情况；

（六）省级以上人民政府财政部门规定的其他事项。

财政部门应当制定考核计划，定期对集中采购机构进行考核，考核结果有重要情况的，应当向本级人民政府报告。

第六十一条　采购人发现采购代理机构有违法行为的，应当要求其改正。采购代理机构拒不改正的，采购人应当向本级人民政府财政部门报告，财政部门应当依法处理。

采购代理机构发现采购人的采购需求存在以不合理条件对供应商实行差别待遇、歧视待遇或者其他不符合法律、法规和政府采购政策规定内容，或者发现采购人有其他违法行为的，应当建议其改正。采购人拒不改正的，采购代理机构应当向采购人的本级人民政府财政部门报告，财政部门应当依法处理。

第六十二条　省级以上人民政府财政部门应当对政府采购评审专家库实行动态管理，具体管理办法由国务院财政部门制定。

采购人或者采购代理机构应当对评审专家在政府采购活动中的职责履行情况予以记录，并及时向财政部门报告。

第六十三条　各级人民政府财政部门和其他有关部门应当加强对参加政府采购活动的供应商、采购代理机构、评审专家的监督管理，对其不良行为予以记录，并纳入统一的信用信息平台。

第六十四条　各级人民政府财政部门对政府采购活动进行监督检查，有权查阅、复制有关文件、资料，相关单位和人员应当予以配合。

第六十五条　审计机关、监察机关以及其他有关部门依法对政府采购活动实施监督，发现采购当事人有违法行为的，应当及时通报财政部门。

第八章　法律责任

第六十六条　政府采购法第七十一条规定的罚款，数额为10万元以下。

政府采购法第七十二条规定的罚款，数额为5万元以上25万元以下。

第六十七条　采购人有下列情形之一的，由财政部门责令限期改正，给予警告，对直接负责的主管人员和其他直接责任人员依法给予处分，并予以通报：

（一）未按照规定编制政府采购实施计划或者未按照规定将政府采购实施计划报本级人民政府财政部门备案；

（二）将应当进行公开招标的项目化整为零或者以其他任何方式规避公开招标；

（三）未按照规定在评标委员会、竞争性谈判小组或者询价小组推荐的中标或者成交候选人中确定中标或者成交供应商；

（四）未按照采购文件确定的事项签订政府采购合同；

（五）政府采购合同履行中追加与合同标的相同的货物、工程或者服务的采购金额超过原合同采购金额10%；

（六）擅自变更、中止或者终止政府采购合同；

（七）未按照规定公告政府采购合同；

（八）未按照规定时间将政府采购合同副本报本级人民政府财政部门和有关部门备案。

第六十八条　采购人、采购代理机构有下列情形之一的，依照政府采购法第七十一条、第七十八条的规定追究法律责任：

（一）未依照政府采购法和本条例规定的方式实施采购；

（二）未依法在指定的媒体上发布政府采购项目信息；

（三）未按照规定执行政府采购政策；

（四）违反本条例第十五条的规定导致无法组织对供应商履约情况进行验收或者国家财产遭受损失；

（五）未依法从政府采购评审专家库中抽取评审专家；

（六）非法干预采购评审活动；

（七）采用综合评分法时评审标准中的分值设置未与评审因素的量化指标相对应；

（八）对供应商的询问、质疑逾期未作处理；

（九）通过对样品进行检测、对供应商进行考察等方式改变评审结果；

（十）未按照规定组织对供应商履约情况进行验收。

第六十九条　集中采购机构有下列情形之一的，由财政部门责令限期改正，给予警告，有违法所得的，并处没收违法所得，对直接负责的主管人员和其他直接责任人员依法给予处分，并予以通报：

（一）内部监督管理制度不健全，对依法应当分设、分离的岗位、人员未分设、分离；

（二）将集中采购项目委托其他采购代理机构采购；

（三）从事营利活动。

第七十条　采购人员与供应商有利害关系而不依法回避的，由财政部门给予警告，并处2000元以上2万元以下的罚款。

第七十一条　有政府采购法第七十一条、第七十二条规定的违法行为之一，影响或者可能影响中标、成交结果的，依照下列规定处理：

（一）未确定中标或者成交供应商的，终止本次政府采购活动，重新开展政府采购活动。

（二）已确定中标或者成交供应商但尚未签订政府采购合同的，中标或者成交结果无效，从合格的中标或者成交候选人中另行确定中标或者成交供应商；没有合格的中标或者成交候选人的，重新开展政府采购活动。

（三）政府采购合同已签订但尚未履行的，撤销合同，从合格的中标或者成交候选人中另行确定中标或者成交供应商；没有合格的中标或者成交候选人的，重新开展政府采购活动。

（四）政府采购合同已经履行，给采购人、供应商造成损失的，由责任人承担赔偿责任。

政府采购当事人有其他违反政府采购法或者本条例规定的行为，经改正后仍然影响或者可能影响中标、成交结果或者依法被认定为中标、成交无效的，依照前款规定处理。

第七十二条　供应商有下列情形之一的，依照政府采购法第七十七条第一款的规定追究法律责任：

（一）向评标委员会、竞争性谈判小组或者询价小组成员行贿或者提供其他不正当利益；

（二）中标或者成交后无正当理由拒不与采购人签订政府采购合同；

（三）未按照采购文件确定的事项签订政府采购合同；

（四）将政府采购合同转包；

（五）提供假冒伪劣产品；

（六）擅自变更、中止或者终止政府采购合同。

供应商有前款第一项规定情形的，中标、成交无效。评审阶段资格发生变化，供应商未依照本条例第二十一条的规定通知采购人和采购代理机构的，处以采购金额5‰的罚款，列入不良行为记录名单，中标、成交无效。

第七十三条　供应商捏造事实、提供虚假材料或者以非法手段取得证明材料进行投诉的，由财政部门列入不良行为记录名单，禁止其1至3年内参加政府采购活动。

第七十四条　有下列情形之一的，属于恶意串通，对供应商依照政府采购法第七十七条第一款的规定追究法律责任，对采购人、采购代理机构及其工作人员依照政府采购法第七十二条的规定追究法律责任：

（一）供应商直接或者间接从采购人或者采购代理机构处获得其他供应商的相关情况并修改其投标文件或者响应文件；

（二）供应商按照采购人或者采购代理机构的授意撤换、修改投标文件或者响应文件；

（三）供应商之间协商报价、技术方案等投标文件或者响应文件的实质性内容；

（四）属于同一集团、协会、商会等组织成员的供应商按照该组织要求协同参加政府采购活动；

（五）供应商之间事先约定由某一特定供应商中标、成交；

（六）供应商之间商定部分供应商放弃参加政府采购活动或者放弃中标、成交；

（七）供应商与采购人或者采购代理机构之间、供应商相互之间，为谋求特定供应商中标、成交或者排斥其他供应商的其他串通行为。

第七十五条　政府采购评审专家未按照采购文件规定的评审程序、评审方法和评审标准进行独立评审或者泄露评审文件、评审情况的，由财政部门给予警告，并处2000元以上2万元以下的罚款；影响中标、成交结果的，处2万元以上5万元以下的罚款，禁止其参加政府采购评审活动。

政府采购评审专家与供应商存在利害关系未回避的，处2万元以上5万元以下的罚款，禁止其参加政府采购评审活动。

政府采购评审专家收受采购人、采购代理机构、供应商贿赂或者获取其他不正当利益，构成犯罪的，依法追究刑事责任；尚不构成犯罪的，处2万元以上5万元以下的罚款，禁止其参加政府采购评审活动。

政府采购评审专家有上述违法行为的，其评审意见无效，不得获取评审费；有违法所得的，没收违法所得；给他人造成损失的，依法承担民事责任。

第七十六条　政府采购当事人违反政府采购法和本条例规定，给他人造成损失的，依法承担民事责任。

第七十七条　财政部门在履行政府采购监督管理职责中违反政府采购法和本条例规定，滥用职权、玩忽职守、徇私舞弊的，对直接负责的主管人员和其他直接责任人员依法给予处分；直接负责的主管人员和其他直接责任人员构成犯罪的，依法追究刑事责任。

第九章　附　　则

第七十八条　财政管理实行省直接管理的县级人民政府可以根据需要并报经省级人民政府批准，行使政府采购法和本条例规定的设区的市级人民政府批准变更采购方式的职权。

第七十九条　本条例自 2015 年 3 月 1 日起施行。

中央预算单位政府集中采购目录及标准（2020 年版）

一、集中采购机构采购项目

以下项目必须按规定委托集中采购机构代理采购：

目录项目	适用范围	备　　注
一、货物类		
台式计算机		不包括图形工作站
便携式计算机		不包括移动工作站
计算机软件		指非定制的通用商业软件，不包括行业专用软件
服务器		10 万元以下的系统集成项目除外
计算机网络设备		指单项或批量金额在 1 万元以上的网络交换机、网络路由器、网络存储设备、网络安全产品，10 万元以下的系统集成项目除外
复印机		不包括印刷机
视频会议系统及会议室音频系统		指单项或批量金额在 20 万元以上的视频会议多点控制器（MCU）、视频会议终端、视频会议系统管理平台、录播服务器、中控系统、会议室音频设备、信号处理设备、会议室视频显示设备、图像采集系统

续表

目录项目	适用范围	备　注
多功能一体机		指单项或批量金额在5万元以上的多功能一体机
打印设备		指喷墨打印机、激光打印机、热式打印机，不包括针式打印机和条码专用打印机
扫描仪		指平板式扫描仪、高速文档扫描仪、书刊扫描仪和胶片扫描仪，不包括档案、工程专用的大幅面扫描仪
投影仪		指单项或批量金额在5万元以上的投影仪
复印纸	京内单位	不包括彩色复印纸
打印用通用耗材	京内单位	指非原厂生产的兼容耗材
乘用车		指轿车、越野车、商务车、皮卡，包含新能源汽车
客车		指小型客车、大中型客车，包含新能源汽车
电梯	京内单位	指单项或批量金额在100万元以上的电梯
空调机	京内单位	指除中央空调(包括冷水机组、溴化锂吸收式冷水机组、水源热泵机组等)、多联式空调(指由一台或多台室外机与多台室内机组成的空调机组)以外的空调
办公家具	京内单位	指单项或批量金额在20万元以上的木制或木制为主、钢制或钢制为主、铝制或铝制为主的家具
二、工程类		
限额内工程	京内单位	指投资预算在120万元以上的建设工程，适用招标投标法的建设工程项目除外
装修工程	京内单位	指投资预算在120万元以上，与建筑物、构筑物新建、改建、扩建无关的装修工程
拆除工程	京内单位	指投资预算在120万元以上，与建筑物、构筑物新建、改建、扩建无关的拆除工程
修缮工程	京内单位	指投资预算在120万元以上，与建筑物、构筑物新建、改建、扩建无关的修缮工程
三、服务类		

续表

目录项目	适用范围	备　注
车辆维修保养及加油服务	京内单位	指在京内执行的车辆维修保养及加油服务
机动车保险服务	京内单位	
印刷服务	京内单位	指单项或批量金额在20万元以上的本单位文印部门(含本单位下设的出版部门)不能承担的票据、证书、期刊、文件、公文用纸、资料汇编、信封等印刷业务(不包括出版服务)
工程造价咨询服务	京内单位	指单项或批量金额在20万元以上的在京内执行的工程造价咨询服务
工程监理服务	京内单位	指单项或批量金额在20万元以上的在京内执行的建设工程(包括建筑物和构筑物的新建、改建、扩建、装修、拆除、修缮)项目的监理服务,适用招标投标法的工程监理服务项目除外
物业管理服务	京内单位	指单项或批量金额在100万元以上的本单位物业管理服务部门不能承担的在京内执行的机关办公场所水电供应、设备运行、建筑物门窗保养维护、保洁、保安、绿化养护等项目,多单位共用物业的物业管理服务除外
云计算服务		指单项或批量金额在100万元以上的基础设施服务(Infrastructure as a Service,IaaS),包括云主机、块存储、对象存储等,系统集成项目除外
互联网接入服务	京内单位	指单项或批量金额在20万元以上的互联网接入服务

注:①表中“适用范围”栏中未注明的,均适用所有中央预算单位。

②表中所列项目不包括部门集中采购项目和中央高校、科研院所采购的科研仪器设备。

二、部门集中采购项目

部门集中采购项目是指部门或系统有特殊要求,需要由部门或系统统一配置的货物、工程和服务类专用项目。各中央预算单位可按实际工作需要确定,报财政部备案后组织实施采购。

三、分散采购限额标准

除集中采购机构采购项目和部门集中采购项目外,各部门自行采购单项或批量金额达到100万元以上的货物和服务的项目、120万元以上的工程项目应按《中华人民共和国政府采购法》和《中华人民共和国招标投标法》有关规定执行。

四、公开招标数额标准

政府采购货物或服务项目，单项采购金额达到200万元以上的，必须采用公开招标方式。政府采购工程以及与工程建设有关的货物、服务公开招标数额标准按照国务院有关规定执行。

关于《中央预算单位政府集中采购目录及标准(2020年版)》有关问题的解读

2020年1月8日 来源：国库司

近日，国务院办公厅印发《中央预算单位政府集中采购目录及标准（2020年版）》（国办发〔2019〕55号，以下简称《中央目录及标准（2020年版）》）。为做好相关执行工作，财政部有关负责人就《中央目录及标准（2020年版）》有关内容进行了解读。

一、关于集中采购机构采购项目调整情况

与上一期目录及标准相比，集中采购机构采购项目主要有两方面变化：

（一）新增互联网接入服务。互联网接入服务在政府部门中应用普遍。为发挥集中采购规模优势，2020年起将“互联网接入服务”列为集中采购机构采购项目，通过集中统一谈判等方式确定采购价格。

（二）进一步明确“办公家具”品目产品范围。铝制家具作为新材料家具，绿色环保，使用寿命长，回收利用率高，符合国家节能环保和循环经济的发展要求，且产业较为成熟，技术标准较为统一，2020年起在“办公家具”品目备注中增加“铝制或铝制为主家具”的表述，将铝制家具纳入集中采购范围。

二、关于部门集中采购项目调整情况

为落实“放管服”改革精神，强化采购人主体责任，部门集中采购项目未列入《中央目录及标准（2020年版）》，由各中央部门自行确定，报财政部备案后实施。

三、关于执行期限调整情况

《中央目录及标准》所含品目内容相对稳定，近年来调整幅度较小，按照“精文简会”要求，《中央目录及标准（2020年版）》不再设定具体执行期限，今后根据工作需要适时进行修订。

政府采购需求管理办法

第一章　总则

第一条　为加强政府采购需求管理，实现政府采购项目绩效目标，根据《中华人民共和国政府采购法》和《中华人民共和国政府采购法实施条例》等有关法律法规，制定本办法。

第二条　政府采购货物、工程和服务项目的需求管理适用本办法。

第三条　本办法所称政府采购需求管理，是指采购人组织确定采购需求和编制采购实施计划，并实施相关风险控制管理的活动。

第四条　采购需求管理应当遵循科学合理、厉行节约、规范高效、权责清晰的原则。

第五条　采购人对采购需求管理负有主体责任，按照本办法的规定开展采购需求管理各项工作，对采购需求和采购实施计划的合法性、合规性、合理性负责。主管预算单位负责指导本部门采购需求管理工作。

第二章　采购需求

第六条　本办法所称采购需求，是指采购人为实现项目目标，拟采购的标的及其需要满足的技术、商务要求。

技术要求是指对采购标的的功能和质量要求，包括性能、材料、结构、外观、安全，或者服务内容和标准等。

商务要求是指取得采购标的的时间、地点、财务和服务要求，包括交付(实施)的时间(期限)和地点(范围)，付款条件(进度和方式)，包装和运输，售后服务，保险等。

第七条　采购需求应当符合法律法规、政府采购政策和国家有关规定，符合国家强制性标准，遵循预算、资产和财务等相关管理制度规定，符合采购项目特点和实际需要。

采购需求应当依据部门预算(工程项目概预算)确定。

第八条　确定采购需求应当明确实现项目目标的所有技术、商务要求，功能和质量指标的设置要充分考虑可能影响供应商报价和项目实施风险的因素。

第九条　采购需求应当清楚明了、表述规范、含义准确。技术要求和商务要求应当客观，量化指标应当明确相应等次，有连续区间的按照区间划分等次。需由供应商提供设计方案、解决方案或者组织方案的采购项目，应当说明采购标的的功能、应用场景、目标等基本要求，并尽可能明确其中的客观、量化指标。

采购需求可以直接引用相关国家标准、行业标准、地方标准等标准、规范，也可以根据项目目标提出更高的技术要求。

第十条　采购人可以在确定采购需求前，通过咨询、论证、问卷调查等方式开展需求调查，了解相关产业发展、市场供给、同类采购项目历史成交信息，可能涉及的运行维护、升级更新、备品备件、耗材等后续采购，以及其他相关情况。

面向市场主体开展需求调查时，选择的调查对象一般不少于 3 个，并应当具有代表性。

第十一条　对于下列采购项目，应当开展需求调查：

（一）1000 万元以上的货物、服务采购项目，3000 万元以上的工程采购项目；

（二）涉及公共利益、社会关注度较高的采购项目，包括政府向社会公众提供的公共服务项目等；

（三）技术复杂、专业性较强的项目，包括需定制开发的信息化建设项目、采购进口产品的项目等；

（四）主管预算单位或者采购人认为需要开展需求调查的其他采购项目。

编制采购需求前一年内，采购人已就相关采购标的开展过需求调查的可以不再重复开展。

按照法律法规的规定，对采购项目开展可行性研究等前期工作，已包含本办法规定的需求调查内容的，可以不再重复调查；对在可行性研究等前期工作中未涉及的部分，应当按照本办法的规定开展需求调查。

第三章　采购实施计划

第十二条　本办法所称采购实施计划，是指采购人围绕实现采购需求，对合同的订立和管理所做的安排。

采购实施计划根据法律法规、政府采购政策和国家有关规定，结合采购需求的特点确定。

第十三条　采购实施计划主要包括以下内容：

（一）合同订立安排，包括采购项目预（概）算、最高限价，开展采购活动的时间安排，采购组织形式和委托代理安排，采购包划分与合同分包，供应商资格条件，采购方式、竞争范围和评审规则等。

（二）合同管理安排，包括合同类型、定价方式、合同文本的主要条款、履约验收方案、风险管控措施等。

第十四条　采购人应当通过确定供应商资格条件、设定评审规则等措施，落实支持创新、绿色发展、中小企业发展等政府采购政策功能。

第十五条　采购人要根据采购项目实施的要求，充分考虑采购活动所需时间和可能影响采购活动进行的因素，合理安排采购活动实施时间。

第十六条　采购人采购纳入政府集中采购目录的项目，必须委托集中采购机构采购。政府集中采购目录以外的项目可以自行采购，也可以自主选择委托集中采购机构，或者集中采购机构以外的采购代理机构采购。

第十七条　采购人要按照有利于采购项目实施的原则，明确采购包或者合同分包要求。

采购项目划分采购包的，要分别确定每个采购包的采购方式、竞争范围、评审规则和合同类型、合同文本、定价方式等相关合同订立、管理安排。

第十八条　根据采购需求特点提出的供应商资格条件，要与采购标的的功能、质量和供应商履约能力直接相关，且属于履行合同必需的条件，包括特定的专业资格或者技术资格、设备设施、业绩情况、专业人才及其管理能力等。

业绩情况作为资格条件时，要求供应商提供的同类业务合同一般不超过 2 个，并明确同类业务的具体范围。涉及政府采购政策支持的创新产品采购的，不得提出同类业务合同、生产台数、使用时长等业绩要求。

第十九条　采购方式、评审方法和定价方式的选择应当符合法定适用情形和采购需求特点，其中，达到公开招标数额标准，因特殊情况需要采用公开招标以外的采购方式的，应当依法获得批准。

采购需求客观、明确且规格、标准统一的采购项目，如通用设备、物业管理等，一般采用招标或者询价方式采购，以价格作为授予合同的主要考虑因素，采用固定总价或者固定单价的定价方式。

采购需求客观、明确，且技术较复杂或者专业性较强的采购项目，如大型装备、咨询服务等，一般采用招标、谈判（磋商）方式采购，通过综合性评审选择性价比最优的产品，采用固定总价或者固定单价的定价方式。

不能完全确定客观指标，需由供应商提供设计方案、解决方案或者组织方案的采购项目，如首购订购、设计服务、政府和社会资本合作等，一般采用谈判（磋商）方式采购，综合考虑以单方案报价、多方案报价以及性价比要求等因素选择评审方法，并根据实现项目目标的要求，采取固定总价或者固定单价、成本补偿、绩效激励等单一或者组合定价方式。

第二十条　除法律法规规定可以在有限范围内竞争或者只能从唯一供应商处采购的情形外，一般采用公开方式邀请供应商参与政府采购活动。

第二十一条　采用综合性评审方法的，评审因素应当按照采购需求和与实现项目目标相关的其他因素确定。

采购需求客观、明确的采购项目，采购需求中客观但不可量化的指标应当作为实质性要求，不得作为评分项；参与评分的指标应当是采购需求中的量化指标，评分项应当按照量化指标的等次，设置对应的不同分值。不能完全确定客观指标，需由供应商提供设计方案、解决方案或者组织方案的采购项目，可以结合需求调查的情况，尽可能明确不同技术路线、组织形式及相关指标的重要性和优先级，设定客观、量化的评审因素、分值和权重。价格因素应当按照相关规定确定分值和权重。

采购项目涉及后续采购的，如大型装备等，要考虑兼容性要求。可以要求供应商报出后续供应的价格，以及后续采购的可替代性、相关产品和估价，作为评审时考虑的因素。需由供应商提供设计方案、解决方案或者组织方案，且供应商经验和能力对履约有直接影响的，如订购、设计等采购项目，可以在评审因素中适当考虑供应商的履约能力要求，并合理设置分值和权重。需由供应商提供设计方案、解决方案或者组织方案，采购人认为有必要考虑全生命周期成本的，可以明确使用年限，要求供应商报出安装调试费用、使用期间能源管理、废弃处置等全生命周期成本，作为评审时考虑的因素。

第二十二条　合同类型按照民法典规定的典型合同类别，结合采购标的的实际情况确定。

第二十三条　合同文本应当包含法定必备条款和采购需求的所有内容，包括但不限于标的名称，采购标的的质量、数量（规模），履行时间（期限）、地点和方式，包装方式，价款或者报酬、付款进度安排、资金支付方式，验收、交付标准和方法，质量保修范围和保修期，违约责任与解决争议的方法等。

采购项目涉及采购标的的知识产权归属、处理的，如订购、设计、定制开发的信息化建设项目等，应当约定知识产权的归属和处理方式。采购人可以根据项目特点划分合同履行阶段，明确分期考核要求和对应的付款进度安排。对于长期运行的项目，要充分考虑成本、收益以及可能出现的重大市场风险，在合同中约定成本补偿、风险分担等事项。

合同权利义务要围绕采购需求和合同履行设置。国务院有关部门依法制定了政府采购合同标准文本的，应当使用标准文本。属于本办法第十一条规定范围的采购项目，合同文本应当经过采购人聘请的法律顾问审定。

第二十四条　履约验收方案要明确履约验收的主体、时间、方式、程序、内容和验收标准等事项。采购人、采购代理机构可以邀请参加本项目的其他供应商或者第三方专业机构及专家参与验收，相关验收意见作为验收的参考资料。政府向社会公众提供的公共服务项目，验收时应当邀请服务对象参与并出具意见，验收结果应当向社会公告。

验收内容要包括每一项技术和商务要求的履约情况，验收标准要包括所有客观、量化指标。不能明确客观标准、涉及主观判断的，可以通过在采购人、使用人中开展问卷调查等方式，转化为客观、量化的验收标准。

分期实施的采购项目，应当结合分期考核的情况，明确分期验收要求。货物类项目可以根据需要设置出厂检验、到货检验、安装调试检验、配套服务检验等多重验收环节。工程类项目的验收方案应当符合行业管理部门规定的标准、方法和内容。

履约验收方案应当在合同中约定。

第二十五条　对于本办法第十一条规定的采购项目，要研究采购过程和合同履行过程中的风险，判断风险发生的环节、可能性、影响程度和管控责任，提出有针对性的处置措施和替代方案。

采购过程和合同履行过程中的风险包括国家政策变化、实施环境变化、重大技术变化、预算项目调整、因质疑投诉影响采购进度、采购失败、不按规定签订或者履行合同、出现损害国家利益和社会公共利益情形等。

第二十六条　各级财政部门应当按照简便、必要的原则，明确报财政部门备案的采购实施计划具体内容，包括采购项目的类别、名称、采购标的、采购预算、采购数量（规模）、组织形式、采购方式、落实政府采购政策有关内容等。

第四章　风险控制

第二十七条　采购人应当将采购需求管理作为政府采购内控管理的重要内容，建立健全采购需求管理制度，加强对采购需求的形成和实现过程的内部控制和风险管理。

第二十八条　采购人可以自行组织确定采购需求和编制采购实施计划，也可以委托采购代理机构或者其他第三方机构开展。

第二十九条　采购人应当建立审查工作机制，在采购活动开始前，针对采购需求管理中的重点风险事项，对采购需求和采购实施计划进行审查，审查分为一般性审查和重点审查。

对于审查不通过的，应当修改采购需求和采购实施计划的内容并重新进行审查。

第三十条 一般性审查主要审查是否按照本办法规定的程序和内容确定采购需求、编制采购实施计划。审查内容包括,采购需求是否符合预算、资产、财务等管理制度规定;对采购方式、评审规则、合同类型、定价方式的选择是否说明适用理由;属于按规定需要报相关监管部门批准、核准的事项,是否作出相关安排;采购实施计划是否完整。

第三十一条 重点审查是在一般性审查的基础上,进行以下审查:

(一)非歧视性审查。主要审查是否指向特定供应商或者特定产品,包括资格条件设置是否合理,要求供应商提供超过 2 个同类业务合同的,是否具有合理性;技术要求是否指向特定的专利、商标、品牌、技术路线等;评审因素设置是否具有倾向性,将有关履约能力作为评审因素是否适当。

(二)竞争性审查。主要审查是否确保充分竞争,包括应当以公开方式邀请供应商的,是否依法采用公开竞争方式;采用单一来源采购方式的,是否符合法定情形;采购需求的内容是否完整、明确,是否考虑后续采购竞争性;评审方法、评审因素、价格权重等评审规则是否适当。

(三)采购政策审查。主要审查进口产品的采购是否必要,是否落实支持创新、绿色发展、中小企业发展等政府采购政策要求。

(四)履约风险审查。主要审查合同文本是否按规定由法律顾问审定,合同文本运用是否适当,是否围绕采购需求和合同履行设置权利义务,是否明确知识产权等方面的要求,履约验收方案是否完整、标准是否明确,风险处置措施和替代方案是否可行。

(五)采购人或者主管预算单位认为应当审查的其他内容。

第三十二条 审查工作机制成员应当包括本部门、本单位的采购、财务、业务、监督等内部机构。采购人可以根据本单位实际情况,建立相关专家和第三方机构参与审查的工作机制。

参与确定采购需求和编制采购实施计划的专家和第三方机构不得参与审查。

第三十三条 一般性审查和重点审查的具体采购项目范围,由采购人根据实际情况确定。主管预算单位可以根据本部门实际情况,确定由主管预算单位统一组织重点审查的项目类别或者金额范围。

属于本办法第十一条规定范围的采购项目,应当开展重点审查。

第三十四条 采购需求和采购实施计划的调查、确定、编制、审查等工作应当形成书面记录并存档。

采购文件应当按照审核通过的采购需求和采购实施计划编制。

第五章　监督检查与法律责任

第三十五条　财政部门应当依法加强对政府采购需求管理的监督检查，将采购人需求管理作为政府采购活动监督检查的重要内容，不定期开展监督检查工作，采购人应当如实反映情况，提供有关材料。

第三十六条　在政府采购项目投诉、举报处理和监督检查过程中，发现采购人未按本办法规定建立采购需求管理内控制度、开展采购需求调查和审查工作的，由财政部门采取约谈、书面关注等方式责令采购人整改，并告知其主管预算单位。对情节严重或者拒不改正的，将有关线索移交纪检监察、审计部门处理。

第三十七条　在政府采购项目投诉、举报处理和监督检查过程中，发现采购方式、评审规则、供应商资格条件等存在歧视性、限制性、不符合政府采购政策等问题的，依照《中华人民共和国政府采购法》等国家有关规定处理。

第三十八条　在政府采购项目投诉、举报处理和监督检查过程中，发现采购人存在无预算或者超预算采购、超标准采购、铺张浪费、未按规定编制政府采购实施计划等问题的，依照《中华人民共和国政府采购法》《中华人民共和国预算法》《财政违法行为处罚处分条例》《党政机关厉行节约反对浪费条例》等国家有关规定处理。

第六章　附则

第三十九条　采购项目涉及国家秘密的，按照涉密政府采购有关规定执行。

第四十条　因采购人不可预见的紧急情况实施采购的，可以适当简化相关管理要求。

第四十一条　由集中采购机构组织的批量集中采购和框架协议采购的需求管理，按照有关制度规定执行。

第四十二条　各省、自治区、直辖市财政部门可以根据本办法制定具体实施办法。

第四十三条　本办法所称主管预算单位是指负有编制部门预算职责，向本级财政部门申报预算的国家机关、事业单位和团体组织。

第四十四条　本办法自 2021 年 7 月 1 日起施行。

政府采购货物和服务招标投标管理办法

第一章　总　则

第一条　为了规范政府采购当事人的采购行为，加强对政府采购货物和服务招标投标活动的监督管理，维护国家利益、社会公共利益和政府采购招标投标活动当事人的合法权益，依据《中华人民共和国政府采购法》（以下简称政府采购法）、《中华人民共和国政府采购法实施条例》（以下简称政府采购法实施条例）和其他有关法律法规规定，制定本办法。

第二条　本办法适用于在中华人民共和国境内开展政府采购货物和服务（以下简称货物服务）招标投标活动。

第三条　货物服务招标分为公开招标和邀请招标。

公开招标，是指采购人依法以招标公告的方式邀请非特定的供应商参加投标的采购方式。

邀请招标，是指采购人依法从符合相应资格条件的供应商中随机抽取3家以上供应商，并以投标邀请书的方式邀请其参加投标的采购方式。

第四条　属于地方预算的政府采购项目，省、自治区、直辖市人民政府根据实际情况，可以确定分别适用于本行政区域省级、设区的市级、县级公开招标数额标准。

第五条　采购人应当在货物服务招标投标活动中落实节约能源、保护环境、扶持不发达地区和少数民族地区、促进中小企业发展等政府采购政策。

第六条　采购人应当按照行政事业单位内部控制规范要求，建立健全本单位政府采购内部控制制度，在编制政府采购预算和实施计划、确定采购需求、组织采购活动、履约验收、答复询问质疑、配合投诉处理及监督检查等重点环节加强内部控制管理。

采购人不得向供应商索要或者接受其给予的赠品、回扣或者与采购无关的其他商品、服务。

第七条　采购人应当按照财政部制定的《政府采购品目分类目录》确定采购项目属性。按照《政府采购品目分类目录》无法确定的，按照有利于采购项目实施的原则确定。

第八条　采购人委托采购代理机构代理招标的，采购代理机构应当在采购人委托的范围内依法开展采购活动。

采购代理机构及其分支机构不得在所代理的采购项目中投标或者代理投标，不得为所代理的采购项目的投标人参加本项目提供投标咨询。

第二章　招　标

第九条　未纳入集中采购目录的政府采购项目，采购人可以自行招标，也可以委托采购代理机构在委托的范围内代理招标。

采购人自行组织开展招标活动的，应当符合下列条件：

（一）有编制招标文件、组织招标的能力和条件；

（二）有与采购项目专业性相适应的专业人员。

第十条　采购人应当对采购标的的市场技术或者服务水平、供应、价格等情况进行市场调查，根据调查情况、资产配置标准等科学、合理地确定采购需求，进行价格测算。

第十一条　采购需求应当完整、明确，包括以下内容：

（一）采购标的需实现的功能或者目标，以及为落实政府采购政策需满足的要求；

（二）采购标的需执行的国家相关标准、行业标准、地方标准或者其他标准、规范；

（三）采购标的需满足的质量、安全、技术规格、物理特性等要求；

（四）采购标的的数量、采购项目交付或者实施的时间和地点；

（五）采购标的需满足的服务标准、期限、效率等要求；

（六）采购标的的验收标准；

（七）采购标的的其他技术、服务等要求。

第十二条　采购人根据价格测算情况，可以在采购预算额度内合理设定最高限价，但不得设定最低限价。

第十三条　公开招标公告应当包括以下主要内容：

（一）采购人及其委托的采购代理机构的名称、地址和联系方法；

（二）采购项目的名称、预算金额，设定最高限价的，还应当公开最高限价；

（三）采购人的采购需求；

（四）投标人的资格要求；

（五）获取招标文件的时间期限、地点、方式及招标文件售价；

（六）公告期限；

（七）投标截止时间、开标时间及地点；

（八）采购项目联系人姓名和电话。

第十四条　采用邀请招标方式的，采购人或者采购代理机构应当通过以下方式产生符合资格条件的供应商名单，并从中随机抽取 3 家以上供应商向其发出投标邀请书：

（一）发布资格预审公告征集；

（二）从省级以上人民政府财政部门（以下简称财政部门）建立的供应商库中选取；

（三）采购人书面推荐。

采用前款第一项方式产生符合资格条件供应商名单的，采购人或者采购代理机构应当按照资格预审文件载明的标准和方法，对潜在投标人进行资格预审。

采用第一款第二项或者第三项方式产生符合资格条件供应商名单的，备选的符合资格条件供应商总数不得少于拟随机抽取供应商总数的两倍。

随机抽取是指通过抽签等能够保证所有符合资格条件供应商机会均等的方式选定供应商。随机抽取供应商时，应当有不少于两名采购人工作人员在场监督，并形成书面记录，随采购文件一并存档。

投标邀请书应当同时向所有受邀请的供应商发出。

第十五条　资格预审公告应当包括以下主要内容：

（一）本办法第十三条第一至四项、第六项和第八项内容；

（二）获取资格预审文件的时间期限、地点、方式；

（三）提交资格预审申请文件的截止时间、地点及资格预审日期。

第十六条　招标公告、资格预审公告的公告期限为 5 个工作日。公告内容应当以省级以上财政部门指定媒体发布的公告为准。公告期限自省级以上财政部门指定媒体最先发布公告之日起算。

第十七条　采购人、采购代理机构不得将投标人的注册资本、资产总额、营业收入、从业人员、利润、纳税额等规模条件作为资格要求或者评审因素，也不得通过将除进口货物以外的生产厂家授权、承诺、证明、背书等作为资格要求，对投标人实行差别待遇或者歧视待遇。

第十八条　采购人或者采购代理机构应当按照招标公告、资格预审公告或者投标邀请书规定的时间、地点提供招标文件或者资格预审文件，提供期限自招标公告、资格预审公告发布之日起计算不得少于 5 个工作日。提供期限届满后，获取招标文件或者资格预审文件的潜在投标人不足 3 家的，可以顺延提供期限，并予公告。

公开招标进行资格预审的，招标公告和资格预审公告可以合并发布，招标文件应当向所有通过资格预审的供应商提供。

第十九条　采购人或者采购代理机构应当根据采购项目的实施要求，在招标公告、资格预审公告或者投标邀请书中载明是否接受联合体投标。如未载明,不得拒绝联合体投标。

第二十条　采购人或者采购代理机构应当根据采购项目的特点和采购需求编制招标文件。招标文件应当包括以下主要内容:

(一)投标邀请;

(二)投标人须知(包括投标文件的密封、签署、盖章要求等);

(三)投标人应当提交的资格、资信证明文件;

(四)为落实政府采购政策,采购标的需满足的要求,以及投标人须提供的证明材料;

(五)投标文件编制要求、投标报价要求和投标保证金交纳、退还方式以及不予退还投标保证金的情形;

(六)采购项目预算金额,设定最高限价的,还应当公开最高限价;

(七)采购项目的技术规格、数量、服务标准、验收等要求,包括附件、图纸等;

(八)拟签订的合同文本;

(九)货物、服务提供的时间、地点、方式;

(十)采购资金的支付方式、时间、条件;

(十一)评标方法、评标标准和投标无效情形;

(十二)投标有效期;

(十三)投标截止时间、开标时间及地点;

(十四)采购代理机构代理费用的收取标准和方式;

(十五)投标人信用信息查询渠道及截止时点、信用信息查询记录和证据留存的具体方式、信用信息的使用规则等;

(十六)省级以上财政部门规定的其他事项。

对于不允许偏离的实质性要求和条件,采购人或者采购代理机构应当在招标文件中规定,并以醒目的方式标明。

第二十一条　采购人或者采购代理机构应当根据采购项目的特点和采购需求编制资格预审文件。资格预审文件应当包括以下主要内容:

(一)资格预审邀请;

(二)申请人须知;

(三)申请人的资格要求;

(四)资格审核标准和方法;

(五)申请人应当提供的资格预审申请文件的内容和格式;

（六）提交资格预审申请文件的方式、截止时间、地点及资格审核日期；

（七）申请人信用信息查询渠道及截止时点、信用信息查询记录和证据留存的具体方式、信用信息的使用规则等内容；

（八）省级以上财政部门规定的其他事项。

资格预审文件应当免费提供。

第二十二条　采购人、采购代理机构一般不得要求投标人提供样品，仅凭书面方式不能准确描述采购需求或者需要对样品进行主观判断以确认是否满足采购需求等特殊情况除外。

要求投标人提供样品的，应当在招标文件中明确规定样品制作的标准和要求、是否需要随样品提交相关检测报告、样品的评审方法以及评审标准。需要随样品提交检测报告的，还应当规定检测机构的要求、检测内容等。

采购活动结束后，对于未中标人提供的样品，应当及时退还或者经未中标人同意后自行处理；对于中标人提供的样品，应当按照招标文件的规定进行保管、封存，并作为履约验收的参考。

第二十三条　投标有效期从提交投标文件的截止之日起算。投标文件中承诺的投标有效期应当不少于招标文件中载明的投标有效期。投标有效期内投标人撤销投标文件的，采购人或者采购代理机构可以不退还投标保证金。

第二十四条　招标文件售价应当按照弥补制作、邮寄成本的原则确定，不得以营利为目的，不得以招标采购金额作为确定招标文件售价的依据。

第二十五条　招标文件、资格预审文件的内容不得违反法律、行政法规、强制性标准、政府采购政策，或者违反公开透明、公平竞争、公正和诚实信用原则。

有前款规定情形，影响潜在投标人投标或者资格预审结果的，采购人或者采购代理机构应当修改招标文件或者资格预审文件后重新招标。

第二十六条　采购人或者采购代理机构可以在招标文件提供期限截止后，组织已获取招标文件的潜在投标人现场考察或者召开开标前答疑会。

组织现场考察或者召开答疑会的，应当在招标文件中载明，或者在招标文件提供期限截止后以书面形式通知所有获取招标文件的潜在投标人。

第二十七条　采购人或者采购代理机构可以对已发出的招标文件、资格预审文件、投标邀请书进行必要的澄清或者修改，但不得改变采购标的和资格条件。澄清或者修改应当在原公告发布媒体上发布澄清公告。澄清或者修改的内容为招标文件、资格预审文件、投标邀请书的组成部分。

澄清或者修改的内容可能影响投标文件编制的，采购人或者采购代理机构应当在投标截止时间至少15日前，以书面形式通知所有获取招标文件的潜在投标人；不足15日的，采购人或者采购代理机构应当顺延提交投标文件的截止时间。

澄清或者修改的内容可能影响资格预审申请文件编制的，采购人或者采购代理机构应当在提交资格预审申请文件截止时间至少3日前，以书面形式通知所有获取资格预审文件的潜在投标人；不足3日的，采购人或者采购代理机构应当顺延提交资格预审申请文件的截止时间。

第二十八条　投标截止时间前，采购人、采购代理机构和有关人员不得向他人透露已获取招标文件的潜在投标人的名称、数量以及可能影响公平竞争的有关招标投标的其他情况。

第二十九条　采购人、采购代理机构在发布招标公告、资格预审公告或者发出投标邀请书后，除因重大变故采购任务取消情况外，不得擅自终止招标活动。

终止招标的，采购人或者采购代理机构应当及时在原公告发布媒体上发布终止公告，以书面形式通知已经获取招标文件、资格预审文件或者被邀请的潜在投标人，并将项目实施情况和采购任务取消原因报告本级财政部门。已经收取招标文件费用或者投标保证金的，采购人或者采购代理机构应当在终止采购活动后5个工作日内，退还所收取的招标文件费用和所收取的投标保证金及其在银行产生的孳息。

第三章　投　标

第三十条　投标人，是指响应招标、参加投标竞争的法人、其他组织或者自然人。

第三十一条　采用最低评标价法的采购项目，提供相同品牌产品的不同投标人参加同一合同项下投标的，以其中通过资格审查、符合性审查且报价最低的参加评标；报价相同的，由采购人或者采购人委托评标委员会按照招标文件规定的方式确定一个参加评标的投标人，招标文件未规定的采取随机抽取方式确定，其他投标无效。

使用综合评分法的采购项目，提供相同品牌产品且通过资格审查、符合性审查的不同投标人参加同一合同项下投标的，按一家投标人计算，评审后得分最高的同品牌投标人获得中标人推荐资格；评审得分相同的，由采购人或者采购人委托评标委员会按照招标文件规定的方式确定一个投标人获得中标人推荐资格，招标文件未规定的采取随机抽取方式确定，其他同品牌投标人不作为中标候选人。

非单一产品采购项目，采购人应当根据采购项目技术构成、产品价格比重等合理确定核心产品，并在招标文件中载明。多家投标人提供的核心产品品牌相同的，按前两款规定处理。

第三十二条　投标人应当按照招标文件的要求编制投标文件。投标文件应当对招标文件提出的要求和条件作出明确响应。

第三十三条　投标人应当在招标文件要求提交投标文件的截止时间前，将投标文件密封送达投标地点。采购人或者采购代理机构收到投标文件后，应当如实记载投标文件的送达时间和密封情况，签收保存，并向投标人出具签收回执。任何单位和个人不得在开标前开启投标文件。

逾期送达或者未按照招标文件要求密封的投标文件，采购人、采购代理机构应当拒收。

第三十四条　投标人在投标截止时间前，可以对所递交的投标文件进行补充、修改或者撤回，并书面通知采购人或者采购代理机构。补充、修改的内容应当按照招标文件要求签署、盖章、密封后，作为投标文件的组成部分。

第三十五条　投标人根据招标文件的规定和采购项目的实际情况，拟在中标后将中标项目的非主体、非关键性工作分包的，应当在投标文件中载明分包承担主体，分包承担主体应当具备相应资质条件且不得再次分包。

第三十六条　投标人应当遵循公平竞争的原则，不得恶意串通，不得妨碍其他投标人的竞争行为，不得损害采购人或者其他投标人的合法权益。

在评标过程中发现投标人有上述情形的，评标委员会应当认定其投标无效，并书面报告本级财政部门。

第三十七条　有下列情形之一的，视为投标人串通投标，其投标无效：

（一）不同投标人的投标文件由同一单位或者个人编制；

（二）不同投标人委托同一单位或者个人办理投标事宜；

（三）不同投标人的投标文件载明的项目管理成员或者联系人员为同一人；

（四）不同投标人的投标文件异常一致或者投标报价呈规律性差异；

（五）不同投标人的投标文件相互混装；

（六）不同投标人的投标保证金从同一单位或者个人的账户转出。

第三十八条　投标人在投标截止时间前撤回已提交的投标文件的，采购人或者采购代理机构应当自收到投标人书面撤回通知之日起5个工作日内，退还已收取的投标保证金，但因投标人自身原因导致无法及时退还的除外。

采购人或者采购代理机构应当自中标通知书发出之日起5个工作日内退还未中标人的投标保证金，自采购合同签订之日起5个工作日内退还中标人的投标保证金或者转为中标人的履约保证金。

采购人或者采购代理机构逾期退还投标保证金的，除应当退还投标保证金本金外，还应当按中国人民银行同期贷款基准利率上浮20%后的利率支付超期资金占用费，但因投标人自身原因导致无法及时退还的除外。

第四章 开标、评标

第三十九条 开标应当在招标文件确定的提交投标文件截止时间的同一时间进行。开标地点应当为招标文件中预先确定的地点。

采购人或者采购代理机构应当对开标、评标现场活动进行全程录音录像。录音录像应当清晰可辨，音像资料作为采购文件一并存档。

第四十条 开标由采购人或者采购代理机构主持，邀请投标人参加。评标委员会成员不得参加开标活动。

第四十一条 开标时，应当由投标人或者其推选的代表检查投标文件的密封情况；经确认无误后，由采购人或者采购代理机构工作人员当众拆封，宣布投标人名称、投标价格和招标文件规定的需要宣布的其他内容。

投标人不足 3 家的，不得开标。

第四十二条 开标过程应当由采购人或者采购代理机构负责记录，由参加开标的各投标人代表和相关工作人员签字确认后随采购文件一并存档。

投标人代表对开标过程和开标记录有疑义，以及认为采购人、采购代理机构相关工作人员有需要回避的情形的，应当场提出询问或者回避申请。采购人、采购代理机构对投标人代表提出的询问或者回避申请应当及时处理。

投标人未参加开标的，视同认可开标结果。

第四十三条 公开招标数额标准以上的采购项目，投标截止后投标人不足 3 家或者通过资格审查或符合性审查的投标人不足 3 家的，除采购任务取消情形外，按照以下方式处理：

（一）招标文件存在不合理条款或者招标程序不符合规定的，采购人、采购代理机构改正后依法重新招标；

（二）招标文件没有不合理条款、招标程序符合规定，需要采用其他采购方式采购的，采购人应当依法报财政部门批准。

第四十四条 公开招标采购项目开标结束后，采购人或者采购代理机构应当依法对投标人的资格进行审查。

合格投标人不足 3 家的，不得评标。

第四十五条 采购人或者采购代理机构负责组织评标工作，并履行下列职责：

（一）核对评审专家身份和采购人代表授权函，对评审专家在政府采购活动中的职责履行情况予以记录，并及时将有关违法违规行为向财政部门报告；

（二）宣布评标纪律；

（三）公布投标人名单，告知评审专家应当回避的情形；

（四）组织评标委员会推选评标组长，采购人代表不得担任组长；

（五）在评标期间采取必要的通讯管理措施，保证评标活动不受外界干扰；

（六）根据评标委员会的要求介绍政府采购相关政策法规、招标文件；

（七）维护评标秩序，监督评标委员会依照招标文件规定的评标程序、方法和标准进行独立评审，及时制止和纠正采购人代表、评审专家的倾向性言论或者违法违规行为；

（八）核对评标结果，有本办法第六十四条规定情形的，要求评标委员会复核或者书面说明理由，评标委员会拒绝的，应予记录并向本级财政部门报告；

（九）评审工作完成后，按照规定向评审专家支付劳务报酬和异地评审差旅费，不得向评审专家以外的其他人员支付评审劳务报酬；

（十）处理与评标有关的其他事项。

采购人可以在评标前说明项目背景和采购需求，说明内容不得含有歧视性、倾向性意见，不得超出招标文件所述范围。说明应当提交书面材料，并随采购文件一并存档。

第四十六条　评标委员会负责具体评标事务，并独立履行下列职责：

（一）审查、评价投标文件是否符合招标文件的商务、技术等实质性要求；

（二）要求投标人对投标文件有关事项作出澄清或者说明；

（三）对投标文件进行比较和评价；

（四）确定中标候选人名单，以及根据采购人委托直接确定中标人；

（五）向采购人、采购代理机构或者有关部门报告评标中发现的违法行为。

第四十七条　评标委员会由采购人代表和评审专家组成，成员人数应当为5人以上单数，其中评审专家不得少于成员总数的三分之二。

采购项目符合下列情形之一的，评标委员会成员人数应当为7人以上单数：

（一）采购预算金额在1000万元以上；

（二）技术复杂；

（三）社会影响较大。

评审专家对本单位的采购项目只能作为采购人代表参与评标，本办法第四十八条第二款规定情形除外。采购代理机构工作人员不得参加由本机构代理的政府采购项目的评标。

评标委员会成员名单在评标结果公告前应当保密。

第四十八条　采购人或者采购代理机构应当从省级以上财政部门设立的政府采购评审专家库中，通过随机方式抽取评审专家。

对技术复杂、专业性强的采购项目，通过随机方式难以确定合适评审专家的，经主管预算单位同意，采购人可以自行选定相应专业领域的评审专家。

第四十九条　评标中因评标委员会成员缺席、回避或者健康等特殊原因导致评标委员会组成不符合本办法规定的，采购人或者采购代理机构应当依法补足后继续评标。被更换的评标委员会成员所作出的评标意见无效。

无法及时补足评标委员会成员的，采购人或者采购代理机构应当停止评标活动，封存所有投标文件和开标、评标资料，依法重新组建评标委员会进行评标。原评标委员会所作出的评标意见无效。

采购人或者采购代理机构应当将变更、重新组建评标委员会的情况予以记录，并随采购文件一并存档。

第五十条　评标委员会应当对符合资格的投标人的投标文件进行符合性审查，以确定其是否满足招标文件的实质性要求。

第五十一条　对于投标文件中含义不明确、同类问题表述不一致或者有明显文字和计算错误的内容，评标委员会应当以书面形式要求投标人作出必要的澄清、说明或者补正。

投标人的澄清、说明或者补正应当采用书面形式，并加盖公章，或者由法定代表人或其授权的代表签字。投标人的澄清、说明或者补正不得超出投标文件的范围或者改变投标文件的实质性内容。

第五十二条　评标委员会应当按照招标文件中规定的评标方法和标准，对符合性审查合格的投标文件进行商务和技术评估，综合比较与评价。

第五十三条　评标方法分为最低评标价法和综合评分法。

第五十四条　最低评标价法，是指投标文件满足招标文件全部实质性要求，且投标报价最低的投标人为中标候选人的评标方法。

技术、服务等标准统一的货物服务项目，应当采用最低评标价法。

采用最低评标价法评标时，除了算术修正和落实政府采购政策需进行的价格扣除外，不能对投标人的投标价格进行任何调整。

第五十五条　综合评分法，是指投标文件满足招标文件全部实质性要求，且按照评审因素的量化指标评审得分最高的投标人为中标候选人的评标方法。

评审因素的设定应当与投标人所提供货物服务的质量相关，包括投标报价、技术或者服务水平、履约能力、售后服务等。资格条件不得作为评审因素。评审因素应当在招标文件中规定。

评审因素应当细化和量化，且与相应的商务条件和采购需求对应。商务条件和采购需求指标有区间规定的，评审因素应当量化到相应区间，并设置各区间对应的不同分值。

评标时，评标委员会各成员应当独立对每个投标人的投标文件进行评价，并汇总每个投标人的得分。

货物项目的价格分值占总分值的比重不得低于30%；服务项目的价格分值占总分值的比重不得低于10%。执行国家统一定价标准和采用固定价格采购的项目，其价格不列为评审因素。

价格分应当采用低价优先法计算，即满足招标文件要求且投标价格最低的投标报价为评标基准价，其价格分为满分。其他投标人的价格分统一按照下列公式计算：

投标报价得分＝(评标基准价/投标报价)×100

评标总得分＝F1×A1＋F2×A2＋……＋Fn×An

F1、F2……Fn分别为各项评审因素的得分；

A1、A2、……An分别为各项评审因素所占的权重(A1＋A2＋……＋An＝1)。

评标过程中，不得去掉报价中的最高报价和最低报价。

因落实政府采购政策进行价格调整的，以调整后的价格计算评标基准价和投标报价。

第五十六条　采用最低评标价法的，评标结果按投标报价由低到高顺序排列。投标报价相同的并列。投标文件满足招标文件全部实质性要求且投标报价最低的投标人为排名第一的中标候选人。

第五十七条　采用综合评分法的，评标结果按评审后得分由高到低顺序排列。得分相同的，按投标报价由低到高顺序排列。得分且投标报价相同的并列。投标文件满足招标文件全部实质性要求，且按照评审因素的量化指标评审得分最高的投标人为排名第一的中标候选人。

第五十八条　评标委员会根据全体评标成员签字的原始评标记录和评标结果编写评标报告。评标报告应当包括以下内容：

(一)招标公告刊登的媒体名称、开标日期和地点；

(二)投标人名单和评标委员会成员名单；

(三)评标方法和标准；

(四)开标记录和评标情况及说明，包括无效投标人名单及原因；

(五)评标结果，确定的中标候选人名单或者经采购人委托直接确定的中标人；

（六）其他需要说明的情况，包括评标过程中投标人根据评标委员会要求进行的澄清、说明或者补正，评标委员会成员的更换等。

第五十九条　投标文件报价出现前后不一致的，除招标文件另有规定外，按照下列规定修正：

（一）投标文件中开标一览表（报价表）内容与投标文件中相应内容不一致的，以开标一览表（报价表）为准；

（二）大写金额和小写金额不一致的，以大写金额为准；

（三）单价金额小数点或者百分比有明显错位的，以开标一览表的总价为准，并修改单价；

（四）总价金额与按单价汇总金额不一致的，以单价金额计算结果为准。

同时出现两种以上不一致的，按照前款规定的顺序修正。修正后的报价按照本办法第五十一条第二款的规定经投标人确认后产生约束力，投标人不确认的，其投标无效。

第六十条　评标委员会认为投标人的报价明显低于其他通过符合性审查投标人的报价，有可能影响产品质量或者不能诚信履约的，应当要求其在评标现场合理的时间内提供书面说明，必要时提交相关证明材料；投标人不能证明其报价合理性的，评标委员会应当将其作为无效投标处理。

第六十一条　评标委员会成员对需要共同认定的事项存在争议的，应当按照少数服从多数的原则作出结论。持不同意见的评标委员会成员应当在评标报告上签署不同意见及理由，否则视为同意评标报告。

第六十二条　评标委员会及其成员不得有下列行为：

（一）确定参与评标至评标结束前私自接触投标人；

（二）接受投标人提出的与投标文件不一致的澄清或者说明，本办法第五十一条规定的情形除外；

（三）违反评标纪律发表倾向性意见或者征询采购人的倾向性意见；

（四）对需要专业判断的主观评审因素协商评分；

（五）在评标过程中擅离职守，影响评标程序正常进行的；

（六）记录、复制或者带走任何评标资料；

（七）其他不遵守评标纪律的行为。

评标委员会成员有前款第一至五项行为之一的，其评审意见无效，并不得获取评审劳务报酬和报销异地评审差旅费。

第六十三条　投标人存在下列情况之一的，投标无效：

（一）未按照招标文件的规定提交投标保证金的；

（二）投标文件未按招标文件要求签署、盖章的；

（三）不具备招标文件中规定的资格要求的；

（四）报价超过招标文件中规定的预算金额或者最高限价的；

（五）投标文件含有采购人不能接受的附加条件的；

（六）法律、法规和招标文件规定的其他无效情形。

第六十四条　评标结果汇总完成后，除下列情形外，任何人不得修改评标结果：

（一）分值汇总计算错误的；

（二）分项评分超出评分标准范围的；

（三）评标委员会成员对客观评审因素评分不一致的；

（四）经评标委员会认定评分畸高、畸低的。

评标报告签署前，经复核发现存在以上情形之一的，评标委员会应当当场修改评标结果，并在评标报告中记载；评标报告签署后，采购人或者采购代理机构发现存在以上情形之一的，应当组织原评标委员会进行重新评审，重新评审改变评标结果的，书面报告本级财政部门。

投标人对本条第一款情形提出质疑的，采购人或者采购代理机构可以组织原评标委员会进行重新评审，重新评审改变评标结果的，应当书面报告本级财政部门。

第六十五条　评标委员会发现招标文件存在歧义、重大缺陷导致评标工作无法进行，或者招标文件内容违反国家有关强制性规定的，应当停止评标工作，与采购人或者采购代理机构沟通并作书面记录。采购人或者采购代理机构确认后，应当修改招标文件，重新组织采购活动。

第六十六条　采购人、采购代理机构应当采取必要措施，保证评标在严格保密的情况下进行。除采购人代表、评标现场组织人员外，采购人的其他工作人员以及与评标工作无关的人员不得进入评标现场。

有关人员对评标情况以及在评标过程中获悉的国家秘密、商业秘密负有保密责任。

第六十七条　评标委员会或者其成员存在下列情形导致评标结果无效的，采购人、采购代理机构可以重新组建评标委员会进行评标，并书面报告本级财政部门，但采购合同已经履行的除外：

（一）评标委员会组成不符合本办法规定的；

（二）有本办法第六十二条第一至五项情形的；

（三）评标委员会及其成员独立评标受到非法干预的；

（四）有政府采购法实施条例第七十五条规定的违法行为的。

有违法违规行为的原评标委员会成员不得参加重新组建的评标委员会。

第五章　中标和合同

第六十八条　采购代理机构应当在评标结束后2个工作日内将评标报告送采购人。

采购人应当自收到评标报告之日起5个工作日内，在评标报告确定的中标候选人名单中按顺序确定中标人。中标候选人并列的，由采购人或者采购人委托评标委员会按照招标文件规定的方式确定中标人；招标文件未规定的，采取随机抽取的方式确定。

采购人自行组织招标的，应当在评标结束后5个工作日内确定中标人。

采购人在收到评标报告5个工作日内未按评标报告推荐的中标候选人顺序确定中标人，又不能说明合法理由的，视同按评标报告推荐的顺序确定排名第一的中标候选人为中标人。

第六十九条　采购人或者采购代理机构应当自中标人确定之日起2个工作日内，在省级以上财政部门指定的媒体上公告中标结果，招标文件应当随中标结果同时公告。

中标结果公告内容应当包括采购人及其委托的采购代理机构的名称、地址、联系方式，项目名称和项目编号，中标人名称、地址和中标金额，主要中标标的的名称、规格型号、数量、单价、服务要求，中标公告期限以及评审专家名单。

中标公告期限为1个工作日。

邀请招标采购人采用书面推荐方式产生符合资格条件的潜在投标人的，还应当将所有被推荐供应商名单和推荐理由随中标结果同时公告。

在公告中标结果的同时，采购人或者采购代理机构应当向中标人发出中标通知书；对未通过资格审查的投标人，应当告知其未通过的原因；采用综合评分法评审的，还应当告知未中标人本人的评审得分与排序。

第七十条　中标通知书发出后，采购人不得违法改变中标结果，中标人无正当理由不得放弃中标。

第七十一条　采购人应当自中标通知书发出之日起30日内，按照招标文件和中标人投标文件的规定，与中标人签订书面合同。所签订的合同不得对招标文件确定的事项和中标人投标文件作实质性修改。

采购人不得向中标人提出任何不合理的要求作为签订合同的条件。

第七十二条 政府采购合同应当包括采购人与中标人的名称和住所、标的、数量、质量、价款或者报酬、履行期限及地点和方式、验收要求、违约责任、解决争议的方法等内容。

第七十三条 采购人与中标人应当根据合同的约定依法履行合同义务。

政府采购合同的履行、违约责任和解决争议的方法等适用《中华人民共和国合同法》。

第七十四条 采购人应当及时对采购项目进行验收。采购人可以邀请参加本项目的其他投标人或者第三方机构参与验收。参与验收的投标人或者第三方机构的意见作为验收书的参考资料一并存档。

第七十五条 采购人应当加强对中标人的履约管理,并按照采购合同约定,及时向中标人支付采购资金。对于中标人违反采购合同约定的行为,采购人应当及时处理,依法追究其违约责任。

第七十六条 采购人、采购代理机构应当建立真实完整的招标采购档案,妥善保存每项采购活动的采购文件。

第六章 法律责任

第七十七条 采购人有下列情形之一的,由财政部门责令限期改正;情节严重的,给予警告,对直接负责的主管人员和其他直接责任人员由其行政主管部门或者有关机关依法给予处分,并予以通报;涉嫌犯罪的,移送司法机关处理:

(一)未按照本办法的规定编制采购需求的;

(二)违反本办法第六条第二款规定的;

(三)未在规定时间内确定中标人的;

(四)向中标人提出不合理要求作为签订合同条件的。

第七十八条 采购人、采购代理机构有下列情形之一的,由财政部门责令限期改正,情节严重的,给予警告,对直接负责的主管人员和其他直接责任人员,由其行政主管部门或者有关机关给予处分,并予通报;采购代理机构有违法所得的,没收违法所得,并可以处以不超过违法所得 3 倍、最高不超过 3 万元的罚款,没有违法所得的,可以处以 1 万元以下的罚款:

(一)违反本办法第八条第二款规定的;

(二)设定最低限价的;

(三)未按照规定进行资格预审或者资格审查的;

(四)违反本办法规定确定招标文件售价的;

（五）未按规定对开标、评标活动进行全程录音录像的；

（六）擅自终止招标活动的；

（七）未按照规定进行开标和组织评标的；

（八）未按照规定退还投标保证金的；

（九）违反本办法规定进行重新评审或者重新组建评标委员会进行评标的；

（十）开标前泄露已获取招标文件的潜在投标人的名称、数量或者其他可能影响公平竞争的有关招标投标情况的；

（十一）未妥善保存采购文件的；

（十二）其他违反本办法规定的情形。

第七十九条　有本办法第七十七条、第七十八条规定的违法行为之一，经改正后仍然影响或者可能影响中标结果的，依照政府采购法实施条例第七十一条规定处理。

第八十条　政府采购当事人违反本办法规定，给他人造成损失的，依法承担民事责任。

第八十一条　评标委员会成员有本办法第六十二条所列行为之一的，由财政部门责令限期改正；情节严重的，给予警告，并对其不良行为予以记录。

第八十二条　财政部门应当依法履行政府采购监督管理职责。财政部门及其工作人员在履行监督管理职责中存在懒政怠政、滥用职权、玩忽职守、徇私舞弊等违法违纪行为的，依照政府采购法、《中华人民共和国公务员法》、《中华人民共和国行政监察法》、政府采购法实施条例等国家有关规定追究相应责任；涉嫌犯罪的，移送司法机关处理。

第七章　附则

第八十三条　政府采购货物服务电子招标投标、政府采购货物中的进口机电产品招标投标有关特殊事宜，由财政部另行规定。

第八十四条　本办法所称主管预算单位是指负有编制部门预算职责，向本级财政部门申报预算的国家机关、事业单位和团体组织。

第八十五条　本办法规定按日计算期间的，开始当天不计入，从次日开始计算。期限的最后一日是国家法定节假日的，顺延到节假日后的次日为期限的最后一日。

第八十六条　本办法所称的“以上”、“以下”、“内”、“以内”，包括本数；所称的“不足”，不包括本数。

第八十七条　各省、自治区、直辖市财政部门可以根据本办法制定具体实施办法。

第八十八条　本办法自 2017 年 10 月 1 日起施行。财政部 2004 年 8 月 11 日发布的《政府采购货物和服务招标投标管理办法》(财政部令第 18 号)同时废止。

政府采购非招标采购方式管理办法

第一章　总则

第一条　为了规范政府采购行为，加强对采用非招标采购方式采购活动的监督管理，维护国家利益、社会公共利益和政府采购当事人的合法权益，依据《中华人民共和国政府采购法》(以下简称政府采购法)和其他法律、行政法规的有关规定，制定本办法。

第二条　采购人、采购代理机构采用非招标采购方式采购货物、工程和服务的，适用本办法。

本办法所称非招标采购方式，是指竞争性谈判、单一来源采购和询价采购方式。

竞争性谈判是指谈判小组与符合资格条件的供应商就采购货物、工程和服务事宜进行谈判，供应商按照谈判文件的要求提交响应文件和最后报价，采购人从谈判小组提出的成交候选人中确定成交供应商的采购方式。

单一来源采购是指采购人从某一特定供应商处采购货物、工程和服务的采购方式。

询价是指询价小组向符合资格条件的供应商发出采购货物询价通知书，要求供应商一次报出不得更改的价格，采购人从询价小组提出的成交候选人中确定成交供应商的采购方式。

第三条　采购人、采购代理机构采购以下货物、工程和服务之一的，可以采用竞争性谈判、单一来源采购方式采购；采购货物的，还可以采用询价采购方式：

(一)依法制定的集中采购目录以内，且未达到公开招标数额标准的货物、服务；

(二)依法制定的集中采购目录以外、采购限额标准以上，且未达到公开招标数额标准的货物、服务；

(三)达到公开招标数额标准、经批准采用非公开招标方式的货物、服务；

(四)按照招标投标法及其实施条例必须进行招标的工程建设项目以外的政府采购工程。

第二章　一般规定

第四条　达到公开招标数额标准的货物、服务采购项目，拟采用非招标采购方式的，采购人应当在采购活动开始前，报经主管预算单位同意后，向设区的市、自治州以上人民政府财政部门申请批准。

第五条　根据本办法第四条申请采用非招标采购方式采购的，采购人应当向财政部门提交以下材料并对材料的真实性负责：

（一）采购人名称、采购项目名称、项目概况等项目基本情况说明；

（二）项目预算金额、预算批复文件或者资金来源证明；

（三）拟申请采用的采购方式和理由。

第六条　采购人、采购代理机构应当按照政府采购法和本办法的规定组织开展非招标采购活动，并采取必要措施，保证评审在严格保密的情况下进行。

任何单位和个人不得非法干预、影响评审过程和结果。

第七条　竞争性谈判小组或者询价小组由采购人代表和评审专家共 3 人以上单数组成，其中评审专家人数不得少于竞争性谈判小组或者询价小组成员总数的 2/3。采购人不得以评审专家身份参加本部门或本单位采购项目的评审。采购代理机构人员不得参加本机构代理的采购项目的评审。

达到公开招标数额标准的货物或者服务采购项目，或者达到招标规模标准的政府采购工程，竞争性谈判小组或者询价小组应当由 5 人以上单数组成。

采用竞争性谈判、询价方式采购的政府采购项目，评审专家应当从政府采购评审专家库内相关专业的专家名单中随机抽取。技术复杂、专业性强的竞争性谈判采购项目，通过随机方式难以确定合适的评审专家的，经主管预算单位同意，可以自行选定评审专家。技术复杂、专业性强的竞争性谈判采购项目，评审专家中应当包含 1 名法律专家。

第八条　竞争性谈判小组或者询价小组在采购活动过程中应当履行下列职责：

（一）确认或者制定谈判文件、询价通知书；

（二）从符合相应资格条件的供应商名单中确定不少于 3 家的供应商参加谈判或者询价；

（三）审查供应商的响应文件并作出评价；

（四）要求供应商解释或者澄清其响应文件；

（五）编写评审报告；

（六）告知采购人、采购代理机构在评审过程中发现的供应商的违法违规行为。

第九条　竞争性谈判小组或者询价小组成员应当履行下列义务：

（一）遵纪守法，客观、公正、廉洁地履行职责；

（二）根据采购文件的规定独立进行评审，对个人的评审意见承担法律责任；

（三）参与评审报告的起草；

（四）配合采购人、采购代理机构答复供应商提出的质疑；

（五）配合财政部门的投诉处理和监督检查工作。

第十条　谈判文件、询价通知书应当根据采购项目的特点和采购人的实际需求制定，并经采购人书面同意。采购人应当以满足实际需求为原则，不得擅自提高经费预算和资产配置等采购标准。

谈判文件、询价通知书不得要求或者标明供应商名称或者特定货物的品牌，不得含有指向特定供应商的技术、服务等条件。

第十一条　谈判文件、询价通知书应当包括供应商资格条件、采购邀请、采购方式、采购预算、采购需求、采购程序、价格构成或者报价要求、响应文件编制要求、提交响应文件截止时间及地点、保证金交纳数额和形式、评定成交的标准等。

谈判文件除本条第一款规定的内容外，还应当明确谈判小组根据与供应商谈判情况可能实质性变动的内容，包括采购需求中的技术、服务要求以及合同草案条款。

第十二条　采购人、采购代理机构应当通过发布公告、从省级以上财政部门建立的供应商库中随机抽取或者采购人和评审专家分别书面推荐的方式邀请不少于3家符合相应资格条件的供应商参与竞争性谈判或者询价采购活动。

符合政府采购法第二十二条第一款规定条件的供应商可以在采购活动开始前加入供应商库。财政部门不得对供应商申请入库收取任何费用，不得利用供应商库进行地区和行业封锁。

采取采购人和评审专家书面推荐方式选择供应商的，采购人和评审专家应当各自出具书面推荐意见。采购人推荐供应商的比例不得高于推荐供应商总数的50％。

第十三条　供应商应当按照谈判文件、询价通知书的要求编制响应文件，并对其提交的响应文件的真实性、合法性承担法律责任。

第十四条　采购人、采购代理机构可以要求供应商在提交响应文件截止时间之前交纳保证金。保证金应当采用支票、汇票、本票、网上银行支付或者金融机构、担保机构出具的保函等非现金形式交纳。保证金数额应当不超过采购项目预算的2％。

供应商为联合体的，可以由联合体中的一方或者多方共同交纳保证金，其交纳的保证金对联合体各方均具有约束力。

第十五条　供应商应当在谈判文件、询价通知书要求的截止时间前，将响应文件密封送达指定地点。在截止时间后送达的响应文件为无效文件，采购人、采购代理机构或者谈判小组、询价小组应当拒收。

供应商在提交询价响应文件截止时间前，可以对所提交的响应文件进行补充、修改或者撤回，并书面通知采购人、采购代理机构。补充、修改的内容作为响应文件的组成部分。补充、修改的内容与响应文件不一致的，以补充、修改的内容为准。

第十六条　谈判小组、询价小组在对响应文件的有效性、完整性和响应程度进行审查时，可以要求供应商对响应文件中含义不明确、同类问题表述不一致或者有明显文字和计算错误的内容等作出必要的澄清、说明或者更正。供应商的澄清、说明或者更正不得超出响应文件的范围或者改变响应文件的实质性内容。

谈判小组、询价小组要求供应商澄清、说明或者更正响应文件应当以书面形式作出。供应商的澄清、说明或者更正应当由法定代表人或其授权代表签字或者加盖公章。由授权代表签字的，应当附法定代表人授权书。供应商为自然人的，应当由本人签字并附身份证明。

第十七条　谈判小组、询价小组应当根据评审记录和评审结果编写评审报告，其主要内容包括：

（一）邀请供应商参加采购活动的具体方式和相关情况，以及参加采购活动的供应商名单；

（二）评审日期和地点，谈判小组、询价小组成员名单；

（三）评审情况记录和说明，包括对供应商的资格审查情况、供应商响应文件评审情况、谈判情况、报价情况等；

（四）提出的成交候选人的名单及理由。

评审报告应当由谈判小组、询价小组全体人员签字认可。谈判小组、询价小组成员对评审报告有异议的，谈判小组、询价小组按照少数服从多数的原则推荐成交候选人，采购程序继续进行。对评审报告有异议的谈判小组、询价小组成员，应当在报告上签署不同意见并说明理由，由谈判小组、询价小组书面记录相关情况。谈判小组、询价小组成员拒绝在报告上签字又不书面说明其不同意见和理由的，视为同意评审报告。

第十八条　采购人或者采购代理机构应当在成交供应商确定后 2 个工作日内，在省级以上财政部门指定的媒体上公告成交结果，同时向成交供应商发出成交通知书，并将竞争性谈判文件、询价通知书随成交结果同时公告。成交结果公告应当包括以下内容：

（一）采购人和采购代理机构的名称、地址和联系方式；

（二）项目名称和项目编号；

（三）成交供应商名称、地址和成交金额；

（四）主要成交标的的名称、规格型号、数量、单价、服务要求；

（五）谈判小组、询价小组成员名单及单一来源采购人员名单。

采用书面推荐供应商参加采购活动的，还应当公告采购人和评审专家的推荐意见。

第十九条　采购人与成交供应商应当在成交通知书发出之日起30日内，按照采购文件确定的合同文本以及采购标的、规格型号、采购金额、采购数量、技术和服务要求等事项签订政府采购合同。

采购人不得向成交供应商提出超出采购文件以外的任何要求作为签订合同的条件，不得与成交供应商订立背离采购文件确定的合同文本以及采购标的、规格型号、采购金额、采购数量、技术和服务要求等实质性内容的协议。

第二十条　采购人或者采购代理机构应当在采购活动结束后及时退还供应商的保证金，但因供应商自身原因导致无法及时退还的除外。未成交供应商的保证金应当在成交通知书发出后5个工作日内退还，成交供应商的保证金应当在采购合同签订后5个工作日内退还。

有下列情形之一的，保证金不予退还：

（一）供应商在提交响应文件截止时间后撤回响应文件的；

（二）供应商在响应文件中提供虚假材料的；

（三）除因不可抗力或谈判文件、询价通知书认可的情形以外，成交供应商不与采购人签订合同的；

（四）供应商与采购人、其他供应商或者采购代理机构恶意串通的；

（五）采购文件规定的其他情形。

第二十一条　除资格性审查认定错误和价格计算错误外，采购人或者采购代理机构不得以任何理由组织重新评审。采购人、采购代理机构发现谈判小组、询价小组未按照采购文件规定的评定成交的标准进行评审的，应当重新开展采购活动，并同时书面报告本级财政部门。

第二十二条　除不可抗力等因素外，成交通知书发出后，采购人改变成交结果，或者成交供应商拒绝签订政府采购合同的，应当承担相应的法律责任。

成交供应商拒绝签订政府采购合同的，采购人可以按照本办法第三十六条第二款、第四十九条第二款规定的原则确定其他供应商作为成交供应商并签订政府采购合同，也可以重新开展采购活动。拒绝签订政府采购合同的成交供应商不得参加对该项目重新开展的采购活动。

第二十三条　在采购活动中因重大变故，采购任务取消的，采购人或者采购代理机构应当终止采购活动，通知所有参加采购活动的供应商，并将项目实施情况和采购任务取消原因报送本级财政部门。

第二十四条　采购人或者采购代理机构应当按照采购合同规定的技术、服务等要求组织对供应商履约的验收，并出具验收书。验收书应当包括每一项技术、服务等要求的履约情况。大型或者复杂的项目，应当邀请国家认可的质量检测机构参加验收。验收方成员应当在验收书上签字，并承担相应的法律责任。

第二十五条　谈判小组、询价小组成员以及与评审工作有关的人员不得泄露评审情况以及评审过程中获悉的国家秘密、商业秘密。

第二十六条　采购人、采购代理机构应当妥善保管每项采购活动的采购文件。采购文件包括采购活动记录、采购预算、谈判文件、询价通知书、响应文件、推荐供应商的意见、评审报告、成交供应商确定文件、单一来源采购协商情况记录、合同文本、验收证明、质疑答复、投诉处理决定以及其他有关文件、资料。采购文件可以电子档案方式保存。

采购活动记录至少应当包括下列内容：

(一)采购项目类别、名称；

(二)采购项目预算、资金构成和合同价格；

(三)采购方式，采用该方式的原因及相关说明材料；

(四)选择参加采购活动的供应商的方式及原因；

(五)评定成交的标准及确定成交供应商的原因；

(六)终止采购活动的，终止的原因。

第三章　竞争性谈判

第二十七条　符合下列情形之一的采购项目，可以采用竞争性谈判方式采购：

(一)招标后没有供应商投标或者没有合格标的，或者重新招标未能成立的；

(二)技术复杂或者性质特殊，不能确定详细规格或者具体要求的；

(三)非采购人所能预见的原因或者非采购人拖延造成采用招标所需时间不能满足用户紧急需要的；

(四)因艺术品采购、专利、专有技术或者服务的时间、数量事先不能确定等原因不能事先计算出价格总额的。

公开招标的货物、服务采购项目，招标过程中提交投标文件或者经评审实质性响应招标文件要求的供应商只有两家时，采购人、采购代理机构按照本办法第四条经本级财政部门批准后可以与该两家供应商进行竞争性谈判采购，采购人、采购代理机构应当根据招标文件中的采购需求编制谈判文件，成立谈判小组，由谈判小组对谈判文件进行确认。符合本款情形的，本办法第三十三条、第三十五条中规定的供应商最低数量可以为两家。

第二十八条　符合本办法第二十七条第一款第一项情形和第二款情形，申请采用竞争性谈判采购方式时，除提交本办法第五条第一至三项规定的材料外，还应当提交下列申请材料：

（一）在省级以上财政部门指定的媒体上发布招标公告的证明材料；

（二）采购人、采购代理机构出具的对招标文件和招标过程是否有供应商质疑及质疑处理情况的说明；

（三）评标委员会或者 3 名以上评审专家出具的招标文件没有不合理条款的论证意见。

第二十九条　从谈判文件发出之日起至供应商提交首次响应文件截止之日止不得少于 3 个工作日。

提交首次响应文件截止之日前，采购人、采购代理机构或者谈判小组可以对已发出的谈判文件进行必要的澄清或者修改，澄清或者修改的内容作为谈判文件的组成部分。澄清或者修改的内容可能影响响应文件编制的，采购人、采购代理机构或者谈判小组应当在提交首次响应文件截止之日 3 个工作日前，以书面形式通知所有接收谈判文件的供应商，不足 3 个工作日的，应当顺延提交首次响应文件截止之日。

第三十条　谈判小组应当对响应文件进行评审，并根据谈判文件规定的程序、评定成交的标准等事项与实质性响应谈判文件要求的供应商进行谈判。未实质性响应谈判文件的响应文件按无效处理，谈判小组应当告知有关供应商。

第三十一条　谈判小组所有成员应当集中与单一供应商分别进行谈判，并给予所有参加谈判的供应商平等的谈判机会。

第三十二条　在谈判过程中，谈判小组可以根据谈判文件和谈判情况实质性变动采购需求中的技术、服务要求以及合同草案条款，但不得变动谈判文件中的其他内容。实质性变动的内容，须经采购人代表确认。

对谈判文件作出的实质性变动是谈判文件的有效组成部分，谈判小组应当及时以书面形式同时通知所有参加谈判的供应商。

供应商应当按照谈判文件的变动情况和谈判小组的要求重新提交响应文件，并由其法定代表人或授权代表签字或者加盖公章。由授权代表签字的，应当附法定代表人授权书。供应商为自然人的，应当由本人签字并附身份证明。

第三十三条　谈判文件能够详细列明采购标的的技术、服务要求的，谈判结束后，谈判小组应当要求所有继续参加谈判的供应商在规定时间内提交最后报价，提交最后报价的供应商不得少于 3 家。

谈判文件不能详细列明采购标的的技术、服务要求,需经谈判由供应商提供最终设计方案或解决方案的,谈判结束后,谈判小组应当按照少数服从多数的原则投票推荐 3 家以上供应商的设计方案或者解决方案,并要求其在规定时间内提交最后报价。

最后报价是供应商响应文件的有效组成部分。

第三十四条　已提交响应文件的供应商,在提交最后报价之前,可以根据谈判情况退出谈判。采购人、采购代理机构应当退还退出谈判的供应商的保证金。

第三十五条　谈判小组应当从质量和服务均能满足采购文件实质性响应要求的供应商中,按照最后报价由低到高的顺序提出 3 名以上成交候选人,并编写评审报告。

第三十六条　采购代理机构应当在评审结束后 2 个工作日内将评审报告送采购人确认。

采购人应当在收到评审报告后 5 个工作日内,从评审报告提出的成交候选人中,根据质量和服务均能满足采购文件实质性响应要求且最后报价最低的原则确定成交供应商,也可以书面授权谈判小组直接确定成交供应商。采购人逾期未确定成交供应商且不提出异议的,视为确定评审报告提出的最后报价最低的供应商为成交供应商。

第三十七条　出现下列情形之一的,采购人或者采购代理机构应当终止竞争性谈判采购活动,发布项目终止公告并说明原因,重新开展采购活动:

(一)因情况变化,不再符合规定的竞争性谈判采购方式适用情形的;

(二)出现影响采购公正的违法、违规行为的;

(三)在采购过程中符合竞争要求的供应商或者报价未超过采购预算的供应商不足 3 家的,但本办法第二十七条第二款规定的情形除外。

第四章　单一来源采购

第三十八条　属于政府采购法第三十一条第一项情形,且达到公开招标数额的货物、服务项目,拟采用单一来源采购方式的,采购人、采购代理机构在按照本办法第四条报财政部门批准之前,应当在省级以上财政部门指定媒体上公示,并将公示情况一并报财政部门。公示期不得少于 5 个工作日,公示内容应当包括:

(一)采购人、采购项目名称和内容;

(二)拟采购的货物或者服务的说明;

（三）采用单一来源采购方式的原因及相关说明；

（四）拟定的唯一供应商名称、地址；

（五）专业人员对相关供应商因专利、专有技术等原因具有唯一性的具体论证意见，以及专业人员的姓名、工作单位和职称；

（六）公示的期限；

（七）采购人、采购代理机构、财政部门的联系地址、联系人和联系电话。

第三十九条　任何供应商、单位或者个人对采用单一来源采购方式公示有异议的，可以在公示期内将书面意见反馈给采购人、采购代理机构，并同时抄送相关财政部门。

第四十条　采购人、采购代理机构收到对采用单一来源采购方式公示的异议后，应当在公示期满后5个工作日内，组织补充论证，论证后认为异议成立的，应当依法采取其他采购方式；论证后认为异议不成立的，应当将异议意见、论证意见与公示情况一并报相关财政部门。

采购人、采购代理机构应当将补充论证的结论告知提出异议的供应商、单位或者个人。

第四十一条　采用单一来源采购方式采购的，采购人、采购代理机构应当组织具有相关经验的专业人员与供应商商定合理的成交价格并保证采购项目质量。

第四十二条　单一来源采购人员应当编写协商情况记录，主要内容包括：

（一）依据本办法第三十八条进行公示的，公示情况说明；

（二）协商日期和地点，采购人员名单；

（三）供应商提供的采购标的成本、同类项目合同价格以及相关专利、专有技术等情况说明；

（四）合同主要条款及价格商定情况。

协商情况记录应当由采购全体人员签字认可。对记录有异议的采购人员，应当签署不同意见并说明理由。采购人员拒绝在记录上签字又不书面说明其不同意见和理由的，视为同意。

第四十三条　出现下列情形之一的，采购人或者采购代理机构应当终止采购活动，发布项目终止公告并说明原因，重新开展采购活动：

（一）因情况变化，不再符合规定的单一来源采购方式适用情形的；

（二）出现影响采购公正的违法、违规行为的；

（三）报价超过采购预算的。

第五章　询价

第四十四条　询价采购需求中的技术、服务等要求应当完整、明确，符合相关法律、行政法规和政府采购政策的规定。

第四十五条　从询价通知书发出之日起至供应商提交响应文件截止之日止不得少于3个工作日。

提交响应文件截止之日前，采购人、采购代理机构或者询价小组可以对已发出的询价通知书进行必要的澄清或者修改，澄清或者修改的内容作为询价通知书的组成部分。澄清或者修改的内容可能影响响应文件编制的，采购人、采购代理机构或者询价小组应当在提交响应文件截止之日3个工作日前，以书面形式通知所有接收询价通知书的供应商，不足3个工作日的，应当顺延提交响应文件截止之日。

第四十六条　询价小组在询价过程中，不得改变询价通知书所确定的技术和服务等要求、评审程序、评定成交的标准和合同文本等事项。

第四十七条　参加询价采购活动的供应商，应当按照询价通知书的规定一次报出不得更改的价格。

第四十八条　询价小组应当从质量和服务均能满足采购文件实质性响应要求的供应商中，按照报价由低到高的顺序提出3名以上成交候选人，并编写评审报告。

第四十九条　采购代理机构应当在评审结束后2个工作日内将评审报告送采购人确认。

采购人应当在收到评审报告后5个工作日内，从评审报告提出的成交候选人中，根据质量和服务均能满足采购文件实质性响应要求且报价最低的原则确定成交供应商，也可以书面授权询价小组直接确定成交供应商。采购人逾期未确定成交供应商且不提出异议的，视为确定评审报告提出的最后报价最低的供应商为成交供应商。

第五十条　出现下列情形之一的，采购人或者采购代理机构应当终止询价采购活动，发布项目终止公告并说明原因，重新开展采购活动：

（一）因情况变化，不再符合规定的询价采购方式适用情形的；

（二）出现影响采购公正的违法、违规行为的；

（三）在采购过程中符合竞争要求的供应商或者报价未超过采购预算的供应商不足3家的。

第六章　法律责任

第五十一条　采购人、采购代理机构有下列情形之一的，责令限期改正，给予警告；有关法律、行政法规规定处以罚款的，并处罚款；涉嫌犯罪的，依法移送司法机关处理：

（一）未按照本办法规定在指定媒体上发布政府采购信息的；

（二）未按照本办法规定组成谈判小组、询价小组的；

（三）在询价采购过程中与供应商进行协商谈判的；

（四）未按照政府采购法和本办法规定的程序和要求确定成交候选人的；

（五）泄露评审情况以及评审过程中获悉的国家秘密、商业秘密的。

采购代理机构有前款情形之一，情节严重的，暂停其政府采购代理机构资格 3 至 6 个月；情节特别严重或者逾期不改正的，取消其政府采购代理机构资格。

第五十二条　采购人有下列情形之一的，责令限期改正，给予警告；有关法律、行政法规规定处以罚款的，并处罚款：

（一）未按照政府采购法和本办法的规定采用非招标采购方式的；

（二）未按照政府采购法和本办法的规定确定成交供应商的；

（三）未按照采购文件确定的事项签订政府采购合同，或者与成交供应商另行订立背离合同实质性内容的协议的；

（四）未按规定将政府采购合同副本报本级财政部门备案的。

第五十三条　采购人、采购代理机构有本办法第五十一条、第五十二条规定情形之一，且情节严重或者拒不改正的，其直接负责的主管人员和其他直接责任人员属于国家机关工作人员的，由任免机关或者监察机关依法给予处分，并予通报。

第五十四条　成交供应商有下列情形之一的，责令限期改正，情节严重的，列入不良行为记录名单，在 1 至 3 年内禁止参加政府采购活动，并予以通报：

（一）未按照采购文件确定的事项签订政府采购合同，或者与采购人另行订立背离合同实质性内容的协议的；

（二）成交后无正当理由不与采购人签订合同的；

（三）拒绝履行合同义务的。

第五十五条　谈判小组、询价小组成员有下列行为之一的，责令改正，给予警告；有关法律、行政法规规定处以罚款的，并处罚款；涉嫌犯罪的，依法移送司法机关处理：

（一）收受采购人、采购代理机构、供应商、其他利害关系人的财物或者其他不正当利益的；

（二）泄露评审情况以及评审过程中获悉的国家秘密、商业秘密的；

（三）明知与供应商有利害关系而不依法回避的；

（四）在评审过程中擅离职守，影响评审程序正常进行的；

（五）在评审过程中有明显不合理或者不正当倾向性的；

（六）未按照采购文件规定的评定成交的标准进行评审的。

评审专家有前款情形之一，情节严重的，取消其政府采购评审专家资格，不得再参加任何政府采购项目的评审，并在财政部门指定的政府采购信息发布媒体上予以公告。

第五十六条　有本办法第五十一条、第五十二条、第五十五条违法行为之一，并且影响或者可能影响成交结果的，应当按照下列情形分别处理：

（一）未确定成交供应商的，终止本次采购活动，依法重新开展采购活动；

（二）已确定成交供应商但采购合同尚未履行的，撤销合同，从合格的成交候选人中另行确定成交供应商，没有合格的成交候选人的，重新开展采购活动；

（三）采购合同已经履行的，给采购人、供应商造成损失的，由责任人依法承担赔偿责任。

第五十七条　政府采购当事人违反政府采购法和本办法规定，给他人造成损失的，应当依照有关民事法律规定承担民事责任。

第五十八条　任何单位或者个人非法干预、影响评审过程或者结果的，责令改正；该单位责任人或者个人属于国家机关工作人员的，由任免机关或者监察机关依法给予处分。

第五十九条　财政部门工作人员在实施监督管理过程中违法干预采购活动或者滥用职权、玩忽职守、徇私舞弊的，依法给予处分；涉嫌犯罪的，依法移送司法机关处理。

第七章　附则

第六十条　本办法所称主管预算单位是指负有编制部门预算职责，向同级财政部门申报预算的国家机关、事业单位和团体组织。

第六十一条　各省、自治区、直辖市人民政府财政部门可以根据本办法制定具体实施办法。

第六十二条　本办法自 2014 年 2 月 1 日起施行。

气象部门政府采购审批审核事项实施细则

第一章　总则

第一条　为了加强气象部门政府采购审批审核事项管理，完善政府采购制度体系，根据《中华人民共和国政府采购法》和《中央预算单位变更政府采购方式审批管理办法》《政府采购进口产品管理办法》《中央预算单位批量集中采购管理暂行办法》等有关法律法规规定，结合气象部门实际，制定本细则。

第二条　本细则适用于气象部门中央预算管理的各级机关、事业单位和团体组织（以下统称各级预算单位）实施的政府采购审批审核事项。

各级预算单位在进行政府采购活动时，涉及采购方式变更、进口产品采购、应当但无法实施批量集中采购、单一来源采购方式适用等事项的，应当按照本细则在采购活动开始前履行审核审批程序。

第三条　本细则所称气象部门政府采购，是指各级预算单位使用财政性资金，采购国务院公布的政府集中采购目录、气象部门公布的部门集中采购目录以内或者采购限额标准以上的货物、工程和服务的行为。

第四条　本细则所称采购方式，是指公开招标、邀请招标、竞争性谈判、竞争性磋商、单一来源、询价和国务院政府采购监督管理部门认定的其他采购方式。

第五条　本细则所称审批审核事项包括：

（一）采购方式变更事项，即达到公开招标数额标准的采购项目，因特殊情况需要采用除公开招标方式外的其他采购方式的；

（二）进口产品采购事项，即气象部门政府采购项目以直接进口或委托方式采购进口产品（包括已进入中国境内的进口产品）的；

（三）应当但无法实施批量集中采购事项，即已纳入批量集中采购范围，因应急或救灾无法实施批量集中采购的；

（四）单一来源采购方式适用事项，即政府集中采购目录以外，达到政府采购限额标准以上、未达到公开招标数额标准的采购项目，依法需要采用单一来源采购方式的。

第二章　职责分工

第六条　中国气象局计划财务司（以下简称计财司）主要负责：

（一）审核采购方式变更事项和进口产品采购事项申请材料；

（二）委托中国气象局气象发展与规划院（以下简称发展规划院）组织开展批量申报的采购方式变更事项和进口产品采购事项的统一论证、内部会商和公示等工作；

（三）对应当但无法实施批量集中采购事项进行审批；

（四）指导和监督二级预算单位实施政府采购审批审核事项。

第七条　中国气象局各业务主管职能司（以下简称业务主管司）主要负责：

（一）审核采购方式变更事项和进口产品采购事项的技术指标是否符合相关规定；

（二）涉及批量申报采购方式变更事项的，指定一个二级预算单位作为牵头单位，配合发展规划院做好相关工作；

（三）按照本细则规定签署内部会商意见。

第八条　发展规划院主要负责：

（一）按计财司的要求组织开展批量申报的采购方式变更事项和进口产品采购事项的统一论证、内部会商和公示等工作；

（二）按照计财司的审批意见，处理涉及批量集中采购事项的政府采购计划。

第九条　各二级预算单位主要负责：

（一）汇总审核本单位及所属预算单位年度进口产品采购需求，报计财司审核；

（二）初审本单位及所属预算单位采购方式变更事项、进口产品采购事项和应当但无法实施批量集中采购事项的申请材料，报计财司审核；

（三）审批本单位及所属预算单位单一来源采购方式适用事项；

（四）指导和监督所属预算单位实施政府采购审批审核事项。

第十条　采购人主要负责：

（一）提交合法合规、完整、明确的申请材料，并对申请材料的真实性负责；

（二）按照审核意见对申请材料进行修改完善，按照审批意见实施采购活动。

第三章　采购方式变更事项的审核

第十一条　采购人组织同级预算单位计财机构、项目主管业务机构的相关人员，根据采购需求和相关行业、产业发展情况，对拟申请变更采购方式的理由及必要性进行内部会商。会商意见（附件1）应当由采购人、计财机构、项目主管业务机构参与会商的人员共同签字认可。同级预算单位不设计财机构、项目主管业务机构的，由上级预算单位相应机构参与会商。

由计财司委托发展规划院组织批量申报采购方式变更事项的，会商意见应当由发展规划院组织采购人、计财司、业务主管司参与会商的人员共同出具。

中国气象科学研究院和八个中国气象局专业气象研究所(以下简称一院八所)采购科研仪器设备申请变更政府采购方式时,可不再提供单位内部会商意见,但应将单位内部会商意见随采购文件存档备查。申请变更政府采购方式时可注明“科研仪器设备”,财政部将予以优先审批。

第十二条 因公开招标失败依法申请变更采购方式的,不需要进行内部会商。

第十三条 因只能从唯一供应商处采购而申请采用单一来源采购方式的,在内部会商前,应当由采购人组织 3 名以上专业人员对只能从唯一供应商处采购的理由进行论证,分别出具手写的《单一来源采购方式专业人员论证意见》(附件 2)。

由计财司委托发展规划院组织批量申报采购方式变更事项的,由发展规划院组织专业人员统一论证。

第十四条 因只能从唯一供应商处采购而直接申请变更为单一来源采购方式的,应当由负责申报的二级预算单位在中国政府采购网上进行公示,公示期不得少于 5 个工作日。公示发布在中国政府采购网财政部政府采购管理交易系统的“我要发单一来源公示”栏目下,在线填写单一来源采购征求意见公示文书,并上传《单一来源采购方式专业人员论证意见》。

因公开招标过程中提交投标文件或者经评审实质性响应招标文件要求的供应商只有一家而依法申请采用单一来源方式采购的,公示材料还包括评标委员会或 3 名以上评审专家、代理机构分别出具的招标文件无歧视性条款、招标过程未受质疑相关意见材料。

由计财司委托发展规划院组织批量申报采购方式变更事项的,由发展规划院进行公示。

第十五条 公示有异议的,应在公示期满 5 个工作日内,组织补充论证。论证后认为异议成立的,应当依法采取其他采购方式;论证后认为异议不成立的,应将异议意见、论证意见与公示情况一并报送计财司审查。

第十六条 因采购任务涉及国家秘密拟采用单一来源采购方式的,可不进行公示。

第十七条 绝密级政府采购项目,由采购人自行确定采购方案并组织实施。

秘密级或者机密级政府采购项目,拟采用除单一来源采购方式外的其他采购方式的,由采购人自行确定。

第十八条 负责申报采购方式变更事项的二级预算单位应当向计财司报送正式公文。计财司委托发展规划院组织批量申报采购方式变更事项的,由发展规划院向计财司报送公文。公文应按统一格式起草(附件 3),并提交以下材料:

(一)未经公开招标直接申请变更采购方式的,应提供单位内部会商意见。

（二）因只能从唯一供应商处采购而直接申请变更为单一来源采购方式的，应提供公示情况和 3 名以上专业人员分别手写出具的《单一来源采购方式专业人员论证意见》和《专家/专业人员名单》（附件 4）。公示有异议，经补充论证认为异议不成立的，应提供异议意见、论证意见和公示情况。

（三）因公开招标失败申请变更采购方式的，应提供在中国政府采购网发布招标公告的证明材料、二级预算单位和采购代理机构出具的对招标文件和招标过程没有供应商质疑的说明材料、评标委员会或 3 名以上评审专家出具招标文件没有不合理条款的论证意见。

（四）因非采购人所能预见的原因或者非采购人拖延造成采用招标时间不能满足需要而申请变更采购方式的，应提供项目紧急原因的说明材料。

（五）因采购任务涉及国家秘密需要变更采购方式的，应提供由相关保密机构出具的本项目为涉密采购项目的证明文件。

（六）采购内容各分项估算价格清单。

第十九条　计财司对申请材料进行审核。符合规定的，由计财司出具变更采购方式的申请公文，并将申请公文及需报送财政部审批的其他申请材料反馈给负责申报的二级预算单位。由计财司委托发展规划院组织批量申报的，计财司将全部申请材料反馈给发展规划院，由发展规划院转发给各采购人。不符合规定的，计财司应在 3 个工作日内通知申请单位修改补充。

第二十条　各二级预算单位收到申请材料后，通过“中央预算一体化管理系统”报送采购方式变更申请。由计财司委托发展规划院组织批量申报的，相关采购人应通过“中央预算一体化管理系统”报送采购计划，由发展规划院统一勾选相关采购计划、上传申请材料，一揽子向财政部报送变更申请。

第二十一条　未收到财政部批复同意变更政府采购方式的，不得以公开招标以外的方式开展该项目采购活动。

第二十二条　财政部批复同意变更政府采购方式后，凡是列入部门集中采购目录的，各二级预算单位应在收到财政部批复后 5 个工作日内委托中国气象局政府采购中心组织采购。

第四章　进口产品采购事项的审核

第二十三条　进口产品是指通过中国海关报关验放进入中国境内且产自关境外的产品，包括已进入中国境内的进口产品。

第二十四条　采购进口产品申报采用集中论证、统一报批的方式进行。除时间紧急或临时增加的采购项目外，原则上不受理单独申报的采购项目。

第二十五条　涉及关键信息基础设施采购，且拟采购的网络产品和服务影响或者可能影响国家安全的，应按《网络安全审查办法》要求在申报时提供网络安全审查办公室出具的审查结论。

第二十六条　各二级预算单位负责汇总本单位及所属各级预算单位填报的《政府采购进口设备申请表(统一论证版)》(附件5)，于当年1月31日前以公文形式报计财司。追加预算中的采购项目应在预算批复后10个工作日内以公文形式报计财司。

第二十七条　计财司收集整理各单位申报材料，组织各业务主管司审核采购需求是否合理，并委托发展规划院组织专家论证。

第二十八条　发展规划院按规定选取专家，统一组织专家论证，形成年度气象部门进口设备申请汇总表，以公文形式报计财司。

专家组应当由5人以上的单数组成，必须包括1名法律专家和4名以上产品技术专家。产品技术专家原则上应当为非本单位并熟悉该产品的专家。

采购人代表不得作为专家组成员参与论证。参与论证的专家不得作为采购评审专家参与同一项目的采购评审工作。

第二十九条　计财司将气象部门进口设备清单报财政部审批，并按照财政部的批复结果批复各申报二级预算单位。

第三十条　未收到计财司批复同意采购进口产品的，不得采购进口产品。

第三十一条　一院八所采购进口科研仪器设备实行备案制管理，在财政部政府采购计划管理系统“中央高校、科研院所科研仪器设备进口”模块中编报采购计划，进行备案。应按规定做好专家论证工作，参与论证的专家可自行选定，专家论证意见随采购文件存档备查。

第三十二条　单独申报的需采购进口产品项目，二级预算单位应按统一格式起草公文(附件6)，并提交以下材料：

(一)《政府采购进口产品申请表(单独申报版)》电子版(附件7)；

(二)专家组全体人员签字的《政府采购进口产品专家论证意见表》扫描件(附件8)；

(三)《专家/专业人员名单》(附件4)。

(四)法律专家资格证书(律师执业证)扫描件。

第三十三条　单独申报的需采购进口产品项目，如所采购产品已纳入财政部批复的气象部门进口设备清单，计财司收到申请材料后组织业务主管司审核采购需求是否合理。如合理，计财司予以批复同意。如不合理，计财司将审核意见反馈给提交申请的二级预算单位。

如未纳入财政部批复的气象部门进口设备清单，计财司应会同业务主管司审核采购需求。需求合理的，计财司出具向财政部申请采购进口产品的公文，连同其他申请材料一并反馈给提交申请的二级预算单位。二级预算单位反馈给采购人，通过政府采购计划管理系统报财政部审批。

第三十四条　涉密项目原则上应当采购本国的货物、工程和服务。确需采购外国供应商提供的货物、工程和服务的，应书面征得主管业务司同意后报计财司审批。主管业务司应当结合保密管理要求和国内产业发展状况从严控制。

第三十五条　下列情况不需要重新审核：

(一)采购人因产品的一致性或者服务配套要求，需要继续从原供应商处添购原有采购项目，且添购资金总额不超过原合同采购金额的10%的。

(二)政府采购进口产品合同履行中，采购人确需追加与合同标的相同的产品，在不改变合同其他条款的前提下，且所有补充合同的采购金额不超过原合同采购金额的10%的。

第五章　应当但无法实施批量集中采购事项的审批

第三十六条　各单位应严格执行批量集中采购，除应急或救灾外，不得以非批量集中采购的形式采购纳入批量集中采购品目的产品。

第三十七条　二级预算单位以公文形式向计财司提出审批申请，公文内容应包括：拟采购的品目名称、拟采购的数量、拟采购数量是否符合财政部相关规定、上一年度该品目采购总量、申请理由、联系人和联系方式等。

拟采购的数量超出本单位限额的，应提前与计财司沟通，确认可调剂使用其他单位限额后行文上报。

第三十八条　计财司收到申请后，应对符合规定的申请以公文形式予以批复，并将批复公文抄送发展规划院。不符合规定的，应告知申请单位原因。

第三十九条　发展规划院根据计财司的批复，在政府采购计划管理系统中将相关政府采购计划备案。

未收到计财司批复的政府采购计划，发展规划院应予以退回，不得备案。

第四十条　各采购人不得在相关政府采购计划备案前使用非批量集中采购的形式开展采购活动。

第六章　单一来源采购方式适用事项的审批

第四十一条　单一来源采购方式适用事项由各二级预算单位负责审批。各二级预算单位应按照内部控制要求制定具体审批流程。

第四十二条 二级预算单位应对采购需求和采购文件中的技术条款进行审核。

第四十三条 二级预算单位计财机构应对有关支出内容的预算情况进行审核。

第四十四条 直接申请采用单一来源采购方式的，采购人应组织 3 名以上专业人员对只能从唯一供应商处采购的理由进行论证。某一供应商的产品或服务优于其他供应商不是采用单一来源采购方式的理由。

采用其他竞争性采购方式，因提交响应文件或者经评审实质性响应采购文件要求的供应商只有一家而申请单一来源方式采购的，评标委员会（评审小组）或 3 名以上评审专家、代理机构应分别出具采购文件无不合理条款、采购过程未受质疑相关意见材料。

第四十五条 使用单一来源采购方式应在中国政府采购网上进行公示，公示期不得少于 5 个工作日，公示材料为专业人员论证意见或采购文件无不合理条款、采购过程未受质疑的材料。公示时应同时公示采购人和二级预算单位计财机构相关人员及其联系方式。单一来源公示应发布在中国政府采购网财政部政府采购管理交易系统的“我要发公告”栏目下。

第七章 附则

第四十六条 专业人员论证意见和专家论证意见应当完整、清晰和明确，意见不明确或者含混不清的，属于无效意见，不作为审核依据。专业人员和专家不能与论证项目有直接利害关系，不能是采购人本单位或者潜在供应商及其关联单位的工作人员。

第四十七条 各二级预算单位应严格审核预算和采购内容，对存在无预算、超预算、政府采购预算有错漏、采购内容与项目立项文件不符、需求不合理等情况的，应先履行相应调整手续。

第四十八条 本细则中的“以上”“以下”“内”“以内”均含本数。

第四十九条 本细则自发布之日起实施。《关于气象部门变更政府采购方式和采购进口产品财政审批有关问题的通知》（气计函〔2012〕245 号）、《计划财务司关于进一步做好气象部门批量集中采购工作的通知》（气计函〔2013〕212 号）、《关于气象部门变更政府采购方式财政审批有关问题的通知》（气计函〔2015〕28 号）、《关于气象部门变更政府采购方式和政府采购进口产品审核审批有关事宜的通知》（气计函〔2017〕1 号）、《关于规范气象部门使用单一来源采购方式的通知》（气计函〔2019〕149 号）同时废止。

第五十条　本细则由计财司负责解释。

注:附件1～8(略)

气象部门部门集中采购目录(2021年版)

政府采购品目编码	政府采购品目名称	设备名称(一级)	设备名称(二级)	适用范围	说明
A02070105	地面气象雷达	天气雷达(含大修及技术升级)	S波段多普勒天气雷达(含大修及技术升级)	全国	包括相应的车载式雷达、方舱式雷达和双线偏振多普勒天气雷达;公开招标限额(含)以上
			C波段多普勒天气雷达(含大修及技术升级)	全国	
			X波段多普勒天气雷达(含大修及技术升级)	全国	
		风廓线雷达	L波段风廓线雷达(含可移式风廓线雷达)	全国	公开招标限额(含)以上
		毫米波雷达		全国	公开招标限额(含)以上
		激光雷达		全国	公开招标限额(含)以上
A033408	气象仪器	地面气象探测仪器设备	自动气象站(含备件及区域站)	全国	分散采购限额标准(含)以上
			便携式自动气象站	全国	分散采购限额标准(含)以上
			翻斗式自动雨量站	全国	分散采购限额标准(含)以上
			前向散射能见度仪	全国	分散采购限额标准(含)以上
			称重式雨量传感器	全国	分散采购限额标准(含)以上
			降水现象仪	全国	分散采购限额标准(含)以上
			雪深观测仪	全国	分散采购限额标准(含)以上
			天气现象视频监测系统	全国	公开招标限额(含)以上

续表

政府采购品目编码	政府采购品目名称	设备名称（一级）	设备名称（二级）	适用范围	说明
A033408	气象仪器	地面气象探测仪器设备	冻土自动观测设备	全国	公开招标限额（含）以上
			自动日照计	全国	公开招标限额（含）以上
			海滨（海岛、石油平台）自动气象站	全国	公开招标限额（含）以上
			公路交通气象观测站	全国	公开招标限额（含）以上
			智能气温、气压、湿度、风、翻斗式雨量、称重式降水、土壤温度测量仪	全国	公开招标限额（含）以上
			辐射自动观测设备（总辐射表、长波辐射表、反射辐射表、散射辐射表、直接辐射表、净全辐射表、紫外辐射表、光合有效辐射表）	全国	公开招标限额（含）以上
			自动土壤水分观测仪	全国	分散采购限额标准（含）以上
		雷电探测及防护设备	闪电定位系统	全国	公开招标限额（含）以上
			大气电场仪	全国	公开招标限额（含）以上
		海洋观测设备	海洋气象锚碇浮标	全国	公开招标限额（含）以上
		高空气象探测设备	电子探空仪	全国	分散采购限额标准（含）以上
			气象气球	全国	分散采购限额标准（含）以上
			探空仪基测箱	全国	分散采购限额标准（含）以上
			L波段探空雷达	全国	公开招标限额（含）以上
			自动探空系统	全国	公开招标限额（含）以上
			自动放球系统	全国	公开招标限额（含）以上

续表

政府采购品目编码	政府采购品目名称	设备名称（一级）	设备名称（二级）	适用范围	说明
A033408	气象仪器	高空气象探测设备	气象水电解制氢设备	全国	公开招标限额（含）以上
			GPS/MET 气象观测设备	全国	公开招标限额（含）以上
		气象仪器计量检定设备	气象计量检定系统	全国	公开招标限额（含）以上
			移动校准维修系统	全国	公开招标限额（含）以上
			观测设备维修测试平台	全国	公开招标限额（含）以上
		大气成分观测分析设备	温室气体	全国	公开招标限额（含）以上
			气溶胶	全国	公开招标限额（含）以上
			反应性气体	全国	公开招标限额（含）以上
			臭氧	全国	公开招标限额（含）以上
			大气负离子自动观测系统	全国	公开招标限额（含）以上
			酸雨自动观测系统	全国	公开招标限额（含）以上
		人工影响天气作业设备	增雨防雹弹	全国	分散采购限额标准（含）以上
			增雨防雹火箭	全国	分散采购限额标准（含）以上
			机载焰条播撒系统（焰条、焰弹）	全国	分散采购限额标准（含）以上
			地面焰条播撒系统（焰条、焰弹）	全国	分散采购限额标准（含）以上
中国气象局机关及直属单位，采购预算金额达到公开招标限额元（含）以上的气象专用技术装备项目（单一来源采购方式除外）				京内	
各省（区、市）气象局及其下属单位，采购预算金额公开招标限额（含）以上由中国气象局统一布局建设的气象专用技术装备项目（单一来源采购方式除外）				全国	

后记

本书撰写于 2022 年，而 2023 年以后，原在财政部政府采购计划管理系统操作的业务变更为在中央预算管理一体化系统中操作，使得本书部分关于预算管理、采购计划申报与执行等操作的内容发生比较大的变化，作者也在图书出版过程中尽量按照当前实际操作流程进行了部分修改。但为了保持本书内容的完整性和连贯性，书中部分内容仍然以财政部政府采购计划管理系统进行了描述。希望本书能够解释各位读者在阅读过程中产生的相关疑问。后续作者还会推出气象部门政府采购工作操作说明等相关内容作为本书的补充，也敬请各位读者关注。